お金の先生！
できるだけ簡単に
お金が増える方法を
教えてください。

はじめに

お金を増やすのは、簡単です。

必要なのは少しのテクニックと、自分の頭と心に働きかけること、それだけでいいからです。

私がファイナンシャルプランナーとして、これまで1000件を超える家計診断をしてきてわかったのは、収入の多さ、少なさと家計の健全さは必ずしも比例しないことです。

どんなに収入が少なくても、上手に支出をおさえられれば、お金を増やすゆとりが生まれてきます。その一方で、比較的収入が多くても、お金がなかなか増えないという人もあとを絶ちません。

それは当然といえば当然のことです。なぜなら私たちの多くは、家庭や学校でお金の使い方や増やし方について教わっていないからです。

ですので、家計管理は人それぞれ自己流なのです。

そして自己流の節約術に何度も挫折して、お金を増やすことをあきらめてしまっている人も多いのではないでしょうか。性格的にコツコツと根気のいる節約を続けられないのはお金を増やすことに向いていない性格だからではありません。ちょっとしたテクニックを実践しているかどうかの違いなのです。

2020年はコロナ禍で家計は大きなダメージを受けました。休業を余儀なくされたり、残業代がなくなったりして、収入が減った家庭も多かったと思います。

これまでの当たり前だった日常が当たり前ではなくなり、これからの生活とお金について、真剣に考える人も増えたように思います。

本書を手に取ってくださったのも、お金と真剣に向き合っているからではないでしょうか。

ピンチのときにしっかりと見直し、対策を立てることは、今後、長期にわたって家計の基盤を強化することにつながります。

本書ではお金が増えない人に向けて、楽で無理なくお金が増える方法をお伝えするように努めました。

そのポイントは次の3つです。

・ストレスが少ない
・手間がかからない
・続けやすい

私もかつて、がんばって家計を切りつめているのに、どうしても赤字になってしまうことがありました。

しかし、お金との向き合い方を変えることでどんどんムダが省けて、赤字体質を脱することができました。「節約が面倒」「給料日までお金が残らない」「貯金がわずかしかない」という人に、ぜひ手に取っていただきたいと思っています。

ご紹介する方法を1つでも試して、お金との向き合い方を知ってもらえれば、これまでの節約への見方がガラッと変わっていくでしょう。そして、実際に「こんなに簡単にお金が増えるの!?」と実感していただけると思います。

本書は6年前に発売した『ズボラでもお金がみるみる貯まる37の方

法』に最新の情報を加えて再構成したものです。

どうして6年前のものを再刊にすることにしたかというと、新型コロナという私たちの生活を大きく変える出来事があって、自分や家族の将来に対する経済的な不安をこれまで以上に抱える人が多くなってきたからです。

そして、環境は変わっても、「お金を増やす考え方」や「お金に対する向き合い方」は、いつの時代も変わらないからです。

お金が増える人は収入が減っても増えるし、増えない人は収入が増えても増えないのです。ちょっとしたコツと意識がけで、お金を増やし、人生をより豊かにしていきましょう。

飯村 久美

お金の先生！　できるだけ簡単にお金が増える方法を教えてください。　もくじ

第2章 お金が「自動的に」増える仕組みをつくる

第3章 お金が貯まる人は「捨て上手」

第4章 お金持ちになりたければ、あなたの「過払い金」をなくす

第5章 お金を使わせたい側の本音を知ろう

第6章 お金が貯まる人になると、人生が変わる

第1章

お金が増える人は、面倒なことはしない、ガマンはしない

その1

貯金はマラソンと同じ。全力疾走してはいけない

貯金とダイエットは似ている

節約もダイエットも、計算式は同じです。

○節約【収入－支出＝黒字（赤字）】

○ダイエット【摂取カロリー－消費カロリー＝体重増（体重減）】

計算式は単純でも、そう簡単にいかないのがこの2つの悩ましいところです。

でも、この2つを解決する答えは、ほぼ明らかになっています。

それは、**「無理をしないこと」**に尽きるのです。

つまり、ストイックにがんばらず、ストレスをためないこと。**貯金は人生のある一時のためのものではなく、老後を送るそのときまで必要になってくるものです。**

スポーツにたとえるなら、マラソンと同じ。

多くの人が勘違いをしているのが、ここなのです。貯金生活を始めると、「さあ、がんばるぞ」と短距離走のようなスタートダッシュをしてしまいがちです。

でも、マラソンで最初からそんなにがんばってしまえば、当然のように途中で息切れしてしまいます。

ストレスがかかる方法はほぼ失敗する

お金を貯めようとがんばるストレスでありがちなのがこれです。

○お金を貯めるために、毎日家計簿をつける
○日用品を1円でも安く買うために、遠方のお店まで行く

といったことが続くのは、根性がある人だけ。運動部員のように、コツコツと練習を積み上げて得られる達成感に喜びを感じる人にとって、それは最適な方法です。

でも、それ以外の人がやると、途中でリタイアするはめになります。

そもそも、現代人がこのような細かいことをする余裕なんてほとんどないでしょう。

食事も買い物も切りつめた結果、ストレスでリバウンドする。これが失敗のパターンです。**実際、私は相談者にまずは常識的な節約をすすめます。でも、多くの人は途中で脱落してしまうのです。**

であれば、手間がかからず、楽しくて疲れない方法を長く続けたほうが確実に貯まります。

本書を読んで、まずは「**これなら自分に合っている**」「**面白そう**」**と感じるものを1つ始めましょう。**

それをとりあえず1カ月続けてください。

貯金成功の鍵は、楽しく続けることです。

1つ、また1つとクリアしていくと、あなたの貯めるエンジンは回転数を上げていきます。それがある一定のラインを超えると、マラソンランナーが走っているときに快感を覚える、「ランナーズハイ」のような現象が起こります。

要は、お金が貯まっていくことで気分がよくなっていくのです。「セービングズハイ」と言ってもいいでしょうか。

お金を貯める際に最も大切なことは、気持ちに働きかけることなんです。

その2

家計簿は
つけない

つけただけではお金は貯まらない

節約の必須アイテムといえば、家計簿でしょう。

しかし、

○つけるのがストレスになる
○つけてもそんなに見ない
○見ても反省しない

このうち1つでも当てはまれば、家計簿向きの人ではありません。

家計簿に向かない理由は3つあります。

1つめは、なんだかんだいって**家計簿をつけるのは面倒だから**です。

「あぁ、家計簿つけなくちゃ」「またつけ忘れちゃった」と、嫌々やっているのはとても窮屈です。

2、3日に1回つけている人はまだしも、ひどいと、2カ月分のレシートを引っ張りだして、ヒーヒーいいながらつけている、なんて人もいるのです。

それに、「こんなにがんばってつけてるんだから」と言い訳して〝自分にごほうび〟なんてやっていたら、なんのためにつけているのかわかりません。

2つめは、**毎日欠かさずつけてはいても、「自分はちゃんとやっている」という事実に満足して終わってしまっているため**です。

こういう人は見返すことがないので、家計簿をつけている意味がないといっていいでしょう。

なぜなら、家計簿は、つけたあとが肝心だからです。前月、前々月、昨年同月と比べて、出費が増えているところはないか、着実に貯金できているか、といったことをくまなく見ていくことで、お金の流れを把握したり、対策を立てたりするものだからです。

3つめは、2つめに似ています。つけた家計簿を見ても、「ふーん」と**ただ見ただけで、生かそうとしていないため**です。

せっかくつけたのですから、家計の問題を解決するためには行動に移さないと、家計は改善しません。

決められた金額内なら、なにに使ってもいい

この3つのいずれかに該当する人に、私は「無理して家計簿をつけなくていいですよ」とお話しします。

なぜなら、第2章でお話しますが、お金を貯める簡単な方法があるからです。それを実践すれば、ストレスになるとわかっている家計簿をつけなくても、誰でもお金が増えていきます。

私は相談者に「小遣いは減らさないように」「できるだけ趣味はやめないでください」(後述)といっているのですが、その際、まず小遣いの金額を決めます。

たとえば、手取り収入20万円で貯金2万円、残りが生活費と小遣いで、それぞれ15万円と3万円とします。要は小遣いを3万円以内に収められるなら、なにに使ってもOKということです。これができれば、家計簿は不要といってもいいでしょう。

家計をしっかり把握したい人は、簡単に入力できて使いやすい家計簿アプリを利用してみてはいかがでしょうか。

初めて家計簿をつける人にオススメなのは、「マネーフォワード ME」。レシート読み取り、銀行やクレジットカードとの連携、電子マネーの利用管理など万能型のアプリです。家族間で家計簿を共有したい人向けなのは「家計簿Zaim」、レシート読み取り機能が優れている「レシーピ!」は操作がとてもシンプルです。

その3

食費を削ると失敗する

節約のために食事を減らしてはいけない

家計の中で真っ先に削減しやすいのが、食費です。

ですが、**私は最も削ってはいけないものが、食費だと思っています。**

朝、昼、晩、おやつなども含めると、それぞれ少しずつ切りつめることで、お金を捻出できる感じがします。しかし、切りつめようとするあまり、必要なものまでカットしてしまうと、家族の幸せに悪影響を及ぼすのです。

ある女性は、「一食100円生活」をしている主婦ブロガーの記事に影響されて、食費を毎月1万円でやりくりしようと決意しました。単純計算で、1日で330円ほどの食費になります。
もちろん、すべて自炊です。その結果、彼女の家の食卓は「真っ白」になってしまったといいます。

どういうことかというと、すべての料理を豆腐、モヤシ、白菜、ごはん……といった安い食材で構成せざるをえなくなったのです。そのため、家族はそんな食事にうんざりして、高校生の息子は外で買い食いをするようになったといいます。

これと同じことは、昨今のサラリーマンやOLにも当てはまります。

たまに、お昼時のオフィス街のコンビニに立ち寄ることがあります。私が驚いたのが、多くの人がおにぎりとサラダだけ、パンとヨーグルトだけですませていることです。

もちろん、小食の人ならそれでもかまいません。**問題なのは、お金のために無理して食事を減らしている人です。**

一見、節約にもダイエットにもなりそうですが、**こういう人に限って、お菓子などの間食をしています。**

あるときそれが、ガマンの限界を超えて一気にリバウンドするほど食べてしまうことがあるのです。無理をすると、お金にも、なにより体にも悪いのです。

貯まる人は3食きっちり食べている

食事の量や回数を減らしている人は、無意識にその穴埋めをどこかでしようとしています。その結果、栄養バランスの偏ったお菓子などでムダな間食をし、体調を崩すことになるのです。

その解決法は、**3食しっかり食べることです。そうすることで、必要な栄養がきちんと取れて間食もなくなり、心も満たされます。**

ですので、3食しっかり食べましょう。

だからといって、食べすぎては本末転倒です。

つい食べすぎてしまうという人は、ふだんは3食にして、ときには週末だけ2食にするのはどうでしょう。胃を休める意味だけでなく、お金を貯める意味でもとてもいいことだと思います。

なぜなら、こんなことをいっている人がいるからです。

「食を慎む人が、財をなす」

これは江戸時代に活躍した、観相家《かんそうか》・水野南北の言葉です。顔のつくりがよくないのに、なぜか財運がある人がいました。それに疑問を感じた南北が調べた結果、そういう人たちは「食を慎んでいた」のです。

腹八分目にして食べすぎないことで、お金が舞い込む。これは、あながち迷信ではないかもしれません。

その4

手取り収入が減っても「小遣い」は減らさない

ギャンブルやタバコはやめなくていい

お金を貯める際、食費を削ることと同様、**私が最もやってはいけないとお伝えするのが、「小遣いを減らす」ことです。**

小遣いを減らさないためには、どうしたらいいのでしょうか。

家計簿のところでお話ししましたが、小遣いを定額制にすることです。

手取り収入20万円なら貯金2万円、残りが生活費と小遣いで、それぞれ15万円と3万円にする。

ストレス社会で働くお父さんのほとんどは、ランチ、タバコ、コーヒー、お酒などが楽しめないと生きていけないでしょう。

コロナ禍の家計の変化（2019年、2020年の比較）を見ても酒類（家庭消費）は16%、タバコは12%上昇していました。旅行もガマンし、貯まっていくストレスをお酒やタバコで発散させているのかもしれません。そこを削ってしまうのは、ガソリンが給油されない車のようなものです。

趣味だって同じ。だから、私は、ギャンブルも無理にやめることはないと思うようになりました。

ただ、あくまでも、すべて予算の範囲内にきっちり収めることが大前提です。好き勝手やるあまり、生活費にまで手をつけるというのは問題外です。

では、従来の節約法だと、必ずやめるようにといわれる「ギャンブル」や「タバコ」をなぜ否定しないのか。それは、お金を貯めるのはマラソンと同じだからです。いきなり全力疾走で、なんでもかんでもやめてしまうとすぐに根をあげて棄権してしまいます。

ですから、**「できるところからやる」「楽なことからやる」ことをオススメします。**家族に禁止されているパチンコに内緒で1日何万も浪費するくらいなら、家族公認で小遣いの中から堂々と楽しむほうがずっと健全だからです。

しかし、**お金がだんだん貯まってくると、自分にとってなにがほんとうに大切なことかがはっきりしてきます。**そうなると、ストレスにまかせてダラダラと使っていたような浪費もなくなって、好循環でお金が貯まっていくのです。

見過ごしやすいのが「専業主婦の小遣い」

専業主婦の相談者で、「私、小遣いなんてないんですよ」という人がけっこういます。

でも、よくよく話を聞いてみると、毎月のように美容院に行ったり、友達とランチをしたりと、ダンナさん以上に使っている印象の人もなかにはいます。

そのお金はどこから出ているのでしょうか。

生活費からなんですね。

また、独身の会社員は自由に使えるお金がたくさんあるので、小遣いの枠を決めていない人がたくさんいます。

でも、**お金を貯めたいのなら、まずは小遣いを月いくらまでと決めて、その範囲内でやりくりしてみてください。**

月に10万円は好きなことに使っていたという人は、まず小遣いを4万円までと設定します。最初はちょっとつらいかもしれません。ここでのポイントは、給料が下がっても、小遣いは4万円以下に下げないようにすることです。

さらに、1カ月後に4万円以内に収められたら、残った分は翌月の小遣いにくりこししていいことにするのです。

このようにゲーム感覚で楽しめれば確実に貯まります。

その5

「ムダな飲み会」がお金をどんどん奪っていく

気乗りしない飲み会には参加しない

家計の中で手痛い出費といえば、なんといっても交際費でしょう。交際費は人間関係をスムーズにするのに欠かせない潤滑油《じゅんかつゆ》ですが、貯められない原因にもなっているのです。

そこで、**気乗りしない飲み会には無理に参加しない**ことです。

会社の上司や同僚、友人同士の飲み会、勉強会など、日々さまざまな会合があります。なかでも、しがらみで参加しなくてはならない会合には、なかなか気が向かないものです。

そうです、気が向かないと思ったら、参加しなければいいのです。

これさえできれば、財布への打撃は、最小限でおさえられます。

コロナ禍の一年で飲みニケーションと言われていた文化は大きく変化しました。

総務省の家計調査を調べてみても、コロナ前の2019年とコロナ後の2020年の交際費に分類される費目や外食は、20〜30％下がっています。このなかには、大切な人とのコミュニケーションまで制限されてしまった面もあるかと思います。

人づきあいは人生を豊かにしてくれるものなので、参加したい飲み会まで断る必要はありませんが、今後は、**職場での飲み会や気乗りしないグループとの飲み会への参加は、シビアに判断して断ることが受け入れられる世の中に変化していく**のではないでしょうか？

お祝い事の上手な断り方

飲み会などはなんとか断れると思いますが、断りにくいのがお祝い事です。

かつては、どんなお祝い事にも参加するのが、社会人としてのマナーといわれたことがありました。

しかし、結婚式に1回参加すると、ご祝儀代、交通費、衣装代などで、少なくても5、6万円は飛んでいってしまいます。これが年に何回もあるとたまりません。

そこで、**それほど親しいと感じていない人の式には、出席せずにすむようにしてはいかがでしょうか。**

断り方が上手な人の例をご紹介します。

32歳のBさんは朗らかな人柄のため、日々さまざまな会合に誘われます。人からは交友関係が広いと思われていますが、実際は興味のない会合にはほとんど参加しないようにしています。

ある日、地元の同級生から、結婚式のお誘いの電話がありました。しかし、それは、ふだんつきあいのない同級生からの何年かぶりの電話でした。そこでは出欠の返事をせず、彼は仲のいいほかの同級生が誘われているか、確認をしました。しかし、ほとんどの同級生は誘われていませんでした。

そのため、彼は仕事で都合が合わないと思い切って断ったのです。ただ、式当日には心のこもったお祝いの電報を送りました。

これでいいのです。

仕事や家庭で日々忙しい現代人が、すべての人と時間をともにするのは困難です。

交友関係を整理する意味でも、そもそもそれほど縁がない人はもちろん、**年とともに関係が希薄になっていく人とは、年賀状程度ですますようにしましょう。**

一方で年をとっていくと、さまざまな場面で人に助けられることもあります。**お互いに必要と思える人との関係は大切にしていけばいいのです。**

これくらいの決断力がないと、お金も人生も豊かになっていかないのです。

第1章のまとめ

・貯金成功の鍵は、無理なく楽しく続けること
・家計簿を嫌々つけるのは、「時間と労力のムダ」である
・3食きっちり食べれば、ムダな間食がなくなる
・小遣いは減らさない。ただし、予算の範囲内で使う
・気乗りしない飲み会には参加しない

第2章

お金が「自動的に」増える仕組みをつくる

その6

「銀行口座」は2つ持つ

お金が貯まらない理由を年収のせいにしない

お金が貯まらないのは、年収が低いからだけでは決してありません。

年収が高くても、貯まらない人はたくさんいます。

理由の1つは、お金が貯まる入れ物を用意していないことです。

たとえば、天井から水が漏れているとします。水がしたたり落ちるところにバケツがないと、水がただ漏れになって床一面が水浸しになってしまいます。貯まらない人は、このようにお金がただ漏れ状態になっているのです。

一方、お金が貯まる人は、お金をしっかり受け止めるバケツを用意しています。そのため、勝手にどんどん貯まっていくのです。

お金を貯めるには、「使う口座」と「貯まる口座」の2つが必要になります。

使う口座は、給料の振込先であり、家賃（住宅ローン）や保険料、水道光熱費、そのほかの生活費をストックしておく口座になります。**貯まる口座は、お金がただ貯まっていく一方の口座です。**

2つを用意することで、お金が自動で貯まる第一段階は完了です。

ただ、ここで注意が必要です。

お金を貯める習慣がない人は、少しでもお金が貯まってくると、ついそこに手をつけてしまいがちです。

ですので、**貯まる口座は、簡単には引き出せないものにしましょう。**

たとえば、勤め先で申し込む、住宅資金や老後資金を蓄えるための「財形貯蓄」や民間の金融機関で申し込む「自動積立定期預金」など、ちょっと手間がかかる手続きが必要で、すぐにはお金を引き出せない仕組みになっている口座を用意してください。

減っていく口座、増えていく口座

新たに銀行口座を契約するのはちょっと面倒という人には、今持っている口座の中でまったく利用していない口座、いわゆる休眠口座を復活させるのもいいかもしれません。

結婚する前に使っていたとか、アルバイトをしていたときに給与振込のために開設したとか、すっかり忘れてしまっている口座はありませんか？　そのままにしていると、口座を維持するための手数料を取られるかもしれません。

この際、これらの口座も整理してみてはいかがでしょうか。

新たに口座をつくるときのポイントは、自分に合う使い方ができるかどうか。

銀行に預けていても、ほとんど金利がつかない時代だからこそ、少しでも金利が高い楽天銀行やＳＢＩ銀行などのネット系の銀行にするとか、自宅の近くに有人の窓口がある銀行にするなど、自分の使い勝手を考えて選びましょう。

貯まる口座をつくったときに気をつけるのは、その口座のキャッシュカードは持ち歩かないことです。

使う口座は次の給料日がくるまで、残高はどんどん減っていきます。

一方、貯まる口座は給料日を迎えるたびにどんどん増えていって、減ることがありません。この2つの口座の特性を利用すると、お金はどんどん貯まっていくのです。

口座は2つ。

無理なくお金を貯める基本と覚えておいてください。

その7

手取り収入の10％を「貯まる口座」に入れる

「貯まる口座」のお金は、そもそもないものと認識される

お金を確実に貯めるには、自動で貯まる仕組みをつくるに限ります。

毎月、「使う口座」に振り込まれる手取り収入の一定額が「貯まる口座」に入金されるように設定しておくのです。

たったそれだけです。


一度この仕組みをつくれば、あとは勝手に貯まっていきます。

○【手取り収入－貯金＝生活費】

貯まる口座に自動で入金されれば、あとは「使う口座」に残ったお

金でやりくりするだけでいいからです。無理なくお金がたくさん貯まっている人は、必ずこの方法を実行しています。

一方、**お金が貯まらない人は、**まったく逆のことをしています。**手取り収入の中からまず生活に必要なお金を使っていって、その残りを貯金しようとする**のです。

それだと、残ったお金を「欲しいもの」「食べたいもの」に使ってしまって、いつの間にかお金はなくなってしまいます。

また、500円玉貯金のようなコツコツ型も、お金が貯まらない典型的なやり方です。

500円玉貯金は500円玉が手もとにあるときに、それを貯金箱に入れるというものです。手もとに500円玉がないと入れられないので、たまたま財布に入っているとき以外は、わざわざ500円玉を用意しないといけません。

一見楽そうに思えますが、やってみるとけっこう面倒なので、多くの人が途中で挫折してしまいます。

さらに、貯まった500円玉を銀行に預けようとしても、100枚、あるいは200枚を超えると、ゆうちょ銀行以外は大量硬貨入金手数料が必要です。

たとえば、みずほ銀行の場合、100枚までは無料ですが、101枚を超えると500円以上の手数料がかかります。努力して貯めた500円玉が手数料に消えるなんて、やるせないですよね。

楽に貯金するには、「自動積立」が適しています。

給料から天引きや自動引き落としされることで、そのお金はそもそもないものと認識されます。そうなると、どんな人でも苦しい努力をしないで、いつの間にか貯まっていくのです。

無理なくスタートして、気づけば数百万円に！

問題は、毎月の引き落とし額です。

財形貯蓄にしても自動積立定期預金にしても、千円から設定できるところが多いようです。私は相談者に、**まずは手取り収入の10%から始めてみましょう**とお話ししています。

手取り収入が20万円なら、毎月2万円貯金できて、残り18万円が生活費に充てられます。また、手取り収入が30万円なら、毎月3万円貯金できて、残り27万円が生活費に充てられるという具合です。

このくらいなら、無理なくスタートできると思います。その後、**お金が順調に貯まっていったら、その割合を15%、20%とだんだん上げていきましょう。**

ここまでたどりつけば、貯まるスピードはグングン上がっていって、いつの間にか、数百万円になっているなんてこともじゅうぶんにありうるのです。

まずは、自動で貯まる仕組みをつくり、実行してみてください。

その8

週に1回、通帳を眺める

通帳を眺めるだけで、脳が気持ちよくなる

自動で貯まる仕組みをつくったら、もうこわいものはありません。放っておけば、勝手に貯まっていくからです。たとえ、残りのお金でどんなに浪費をしても、「貯まる口座」はせっせとお金を貯め続けてくれるのです。

ここでもう1つ、さらにお金が貯まる習慣をご紹介します。

それは、**「貯まる口座の残高を眺めるだけ」**というものです。

なぜ、こんなことでさらに貯まるのか。

それは、**増えていく一方の通帳残高を眺めるだけで、脳が快感を覚えるからなんです。**

脳は気持ちいいことが大好きです。

ですので、さらに気持ちや気分がよくなることを要求してきます。

それまでお金が貯まらなかった人が突然貯まるようになると、ちょっとうれしくなってくるでしょう。すると、**脳はもっと残高の数字を増やすようにと指令を出してきます。**

そうなると、**だんだんムダづかいをしない脳になっていくのです。**

実際、それは毎日の消費行動に反映されていきます。

毎日なにげなくしていたムダづかいが、自然と減っていきます。

会社帰りに立ち寄るコンビニで、つい買ってしまっていたスイーツやジュース。時間があるときにふらっと立ち寄っていたコーヒーショップでの一杯など。通帳を眺める習慣によって、その一杯がガマンできれば、貯金はさらに増えていくという意識が働きます。

その結果、こうしたムダづかいが解消されていくのです。

「眺めるだけ貯金」でスピードアップ

これって、どこかで聞いたことのある方法だと思いませんか。

この間見ていたあるテレビ番組で、簡単にダイエットできる方法が紹介されていました。

そのやり方は、ただ体重計に乗って、体重計に表示される数字を眺めるだけというものでした。

そんな簡単なことでやせられるなんて信じられませんが、それを毎日やるだけで、10kg以上やせた人がたくさんいるというのです。

そうです、この方法はそのダイエット法と同じで、「眺めるだけ貯金」なのです。**こんなに楽に貯まる方法はほかにはないでしょう。**

しかし、最近では、通帳を使っていない人がたくさんいます。どこにあるかさえわからない人も多いでしょう。

また、紙の通帳の発行はあおぞら銀行で廃止されたほか、みずほ銀行は1100円の発行手数料が必要になり、三井住友銀行は年額550円が引き落とされるようになります。眺めるだけでお金が貯まるといっても、通帳をつくるのにそんなムダな出費はしたくないとも思いますよね。

そんなあなたにオススメは、スマホの銀行アプリ。

多くの銀行が専用アプリを持っているので、スマホにインストールしておけば、いつでもどこでも口座明細を眺められます。

ボクサーは減量時に1日6回も体重計に乗ると聞きます。そこまでやる必要はありませんが、これを月に1回、できれば週に1回はやってみましょう。

増えていく貯金額を眺めれば眺めるほど、それだけでどんどん貯まる脳になっていくのです。

その9

1カ月の手取り収入を全額現金に変えてみる

現金20万円の束は、どれくらいの厚さか？

手取り収入が銀行口座に振り込まれるようになったことで、私たちが失った感覚があります。

それは、毎月の稼ぎを現金でまるまる手にする機会です。

たとえば、毎月20万円振り込まれているとして、20万円の束はどれくらいの厚さか、実感している人は少ないと思います。

給料は自分が汗して働いた結果、得られた報酬です。今の時代、**手取り収入が口座に振り込まれることで、そのありがたみが感じられにくくなっている**のです。

そこで、一度だけでもいいので、手取り収入を全額現金でおろすことをオススメします。

そんな金額を手にすること自体、あまりないと思います。

それによって、**お金のありがたみが実感できて、ムダづかいが確実に減るのです。**「そんなことで！」と思われるかもしれません。でも、そんなことが、お金を貯める際の手助けをしてくれるのです。

札束を見ると、働いている実感がわいてくる

実際、次の給料日に一度、全額おろしてみてください。

けっこうな額になるので、ちょっとこわいかもしれません。

おろす際は、後ろをよく見て、おろしたお金は備えつけの封筒に入

れて、しっかりバッグにしまいましょう。

そして、家に帰ってから、封筒のお金を手に取ってまじまじと見つめてみてください。「毎月これをもらうために、自分は働いているのか」という実感がわいてくるでしょう。

これだけの大金をしっかり手にすると、お金を大事に使おうという意識が働きます。それが貯める力をつけてくれるのです。

最近は、ＰａｙＰａｙ、楽天ペイ、ｄ払いなどスマホアプリを使ったＱＲコード、あるいはバーコードによる電子決済で支払いをする人がとても増えてきました。アプリにお金がチャージされていれば、読み取り端末にスマホをかざすだけで支払いがすみます。

しかも、各社が競うようにさまざまなお得なキャンペーンを打ち出すので、スーパーやコンビニだけでなく、電車やバスに乗る際や、自動販売機でも、ついつい使ってしまうのも理解できます。

このように、現金にふれる機会がますます少なくなってきました。ムダづかいがなくならないのは、ものが豊富にあることと、便利な習慣がそうさせているように思えてしかたがありません。

以前、お金が貯まっている家庭を取材したとき、感心したことがありました。

その家庭の小学生のお子さんは、電車に乗るときは、ＩＣカードをかざすのではなく、切符を購入して乗るようにしているのだそうです。それは、電車はお金を払って乗るものという感覚をお子さんに身につけさせるためでした。

我が家の息子は小さいころ、私が財布を開けて「お金がなくなったわ！」と話すと、「ATMの機械に行けば、お金がもらえるんでしょ」と真顔で話していたものです。私はこのご家庭の話を聞いて、電子マネーやクレジットカードに気をつけないと、子どもの金銭感覚も狂わせてしまうかもしれないと思いました。

もう1回、言います。とにかく一度、1カ月分の手取り収入を全額現金でおろしてみてください。

それだけで、**なにも感じずにお金を使うことがなくなると思います。**

その感情の働きが、お金の使い方を上手にしてくれるのです。

その10

キャッシュレスはひと手間かけると強力な節約ツールになる

履歴を見たことがない人は要注意！

1つ質問させてください。

今月、○○Payなどの電子マネーでいくら使いましたか？

この質問に即答できたあなたは、非常に素晴らしい。電子マネーを十分に活用できている人です。

即答できなかった人はぜひ、履歴を調べてみてください。

今まで履歴を見たことがない人、履歴の調べ方がわからなかった人は要注意です。**お金が貯まらない原因は電子マネーの使い方にあるかもしれません。**

お金が貯まる人は共通して、自分の財布にいくら入っているか把握しています。家計簿をつけていなくても、「財布から1万円札を取り出したのはあのときだから……」と感覚的にいくら使ったのか、いくら持っているのかを把握しているのです。

クレジットカードがはやりだしたころ、その手軽さから、必要以上の買い物をして家計が苦しくなる人たちがあとを絶ちませんでした。家計相談の専門家に現金払いを勧める人が多いのは、現金だと支払った印象が強く残りやすく、ムダづかいを本能的に抑制できるようになるからです。

電子マネーはとても便利です。出かけるときもスマホ1つで電車やバスにも乗れて、コンビニやレストランでもキャッシュレスで支払いが可能。便利な反面、お金を使った感覚が薄れてしまい、今月いくら使ったのか把握できなくなってしまうのです。

では、電子マネーを使いこなすにはどうすればいいのでしょうか？

それは、**現金払いと同じように、支払いのたびにお金が減っていくことを感じられるようにすればよい**のです。

やり方は以下の通りです。

まずは**オートチャージをオフ**にします。そして**毎週月曜日に決まった金額をチャージして、その範囲で電子マネーを使うようにする。**

こうすると、レジに並んで買い物をしたとき、残高が足りずに焦る思いをする場面も出てくることでしょう。後ろの列を気にしながらチャージするのはとても気が引けますが、この焦る体験がとても重要なのです。つまり、予算オーバーしていることを実感できるのです。

このような場面に遭遇すると、決済前にチャージ金額を確認する癖もついてくることでしょう。そのうち、「今日は木曜日なのにあと3000円しか残高がない。週末乗り越えられるかな?」「今週は先週よりもお金が余っているぞ」などと考えるようになると思います。

このようなことは手書きの家計簿だとひと苦労もふた苦労も必要ですが、電子マネーならば履歴を見れば一目瞭然《りょうぜん》です。

電子マネーの残高をゲーム感覚で確認できるようになれば、あなたは立派な電子マネー上級者です。

SuicaやICOCAなど交通系電子マネー活用法

ここで少し厄介なのが交通系電子マネーです。

仕事で電車に乗る人が交通系電子マネーを使ってしまうと、自分のために使った金額なのか仕事のために使ったお金なのかが把握できなくなってしまうデメリットがあります。

せっかく週に一度、月曜日にお金をチャージすることが習慣化できたとしても、仕事で電車に乗るためにチャージしたお金を使わなくてはならなくなってしまったら、管理が難しくなってしまいます。

仕事でも交通系電子マネーを使うような場合は、**定期的にチャージするときに、会社で精算した金額を一緒に加えてチャージする**というような工夫が必要になってきます。

その11

夢を見るだけでみるみるお金が貯まる

目標金額を日割りで出すと、夢に近づく

そもそも、なんのためにお金を貯めるのでしょうか。「将来のため」「いざというときのため」「夢をかなえるため」など、その理由はさまざまです。今の時代、お金を貯める主な理由は、将来の不安に備えるためではないでしょうか。確かに、それは間違っていません。

でも、それだけだと、貯め続けるのが難しくなってきます。

それはなぜか。お金を貯める楽しみがないからです。

お金を貯めるには、私たちの気持ちを突き動かす、前向きな動機が必要になってくるのです。

ある番組で、私は４人家族の主婦から相談を受けました。

「食費を減らしたいと思っています」

ただ、ガマンや節約はしたくないという条件付きです。そこで私は、なぜ食費を減らすのかを尋ねました。


「４年後、夫が勤続20周年を迎えます。その記念に家族でハワイ旅行をしたいと考えていて」

「どの程度の費用を考えていますか？」

「家族４人で１００万円です」

「じゃあ、今月からお金を貯めましょう」


４年で１００万円を貯めるには、１年で25万円を貯める必要があります。さらに、月単位で家計を細かくチェックしていくと、毎月ちょうど2万円貯めることでハワイ旅行が実現できるとわかりました。

こうして**お金を貯める動機をはっきりさせて、目標金額を細分化していくと、夢が現実味を帯びてきます。**

夢がリアルなものになると、モチベーションも高まります。

実際に、自分のがんばりが家族の夢につながると彼女の意識は変わったようで、4年後に向かって着実に貯金しているそうです。

もし仮に、彼女の目標が家族のハワイ旅行ではなく、100万円という金額だけだったらどうだったでしょうか。なかなか貯まらなかったと思います。20万円くらい貯まったところで、ほかのことに使っていたかもしれません。

お金が貯まったときの姿を思い描く

そうです、重要なのは目標を金額ではなく、具体的な夢や目的にすることです。最初に100万円、500万円といった金額を設定するのではなく、なにがしたくてお金を貯めるのか、という使い道を先にはっきり決めます。

たとえば、100万円を目標にしたとしても、**「100万円貯まったら、コレがしたい！」というところまで具体的に思い描きましょう。**

お金が貯まったときの自分の姿をしっかり描ければ、それだけでお金は貯まったも同然なのです。

毎日忙しくしていても、潜在意識がそのことを忘れないからです。

相談に来られた人たちに、私がよくする質問があります。

「これからの人生でなにがしたいですか。夢はありますか」

紙に夢を書いてくださいというと、皆さん、ワクワクしながらいろいろな夢を書き出していきます。「海の見える丘の上に家を建てたい」「キャンプに行くために4WD車が欲しい」「地中海を船でクルージングしたい」という感じです。

次に、書き出した夢に優先順位をつけてもらいます。そして、やりたいことが明確になったところで、ようやく具体的なお金の話を始めます。

このように夢があれば、実際にお金を貯めることも、夢を実現させることも難しくないのです。

その12

「電気をこまめに消す」とお金が逃げていく

1日中つけっぱなしのほうが割安なエアコンもある

自動でお金が貯まる仕組みは、お金以外のことにも応用できます。それが最も簡単にできるのが、電気代です。私たちが節約する際、真っ先に思いつくのが「電気をこまめに消す」ことでしょう。

しかし、楽にお金を貯めたいのなら、電気はこまめに消してはいけません。

では、どうすればいいか。

契約しているアンペア数を下げて、基本料金を下げましょう。1回

の手続きだけで、あとはなにもしなくていいのです。

どちらが楽かは、もう明らかですよね。

40アンペアを30アンペアに下げるだけで、基本料金は３００円ほど節約できます。

その際、気をつけたいのが、消費電力の高いものを同時に使わないことです。たとえば、ドライヤーは12アンペア、アイロンは14アンペア、電子レンジは15アンペアを必要とします。

そこに気をつけて、アンペア数を極端に下げなければ、ブレーカーが落ちる心配はありません。

エアコンも、部屋が設定温度になるまでがいちばん電気を使います。

冷房を入れると、部屋が冷えるまではフル回転ですが、設定温度を維持するのにそれほど電気は使わないのです。

1日に何回もつけたり消したりするより、1日中つけっぱなしのほうが割安な省エネタイプの機種もあります。ハウスメーカーも24時間365日冷暖房システムを採用したりしていますね。

100円節約するのに、何回スイッチを切ればいいのか

こまめに消して回ることが苦にならない人は別ですが、家の中にあるすべてのスイッチを消して回るのは、とても大変なことです。

たとえば、60Wの電気を1時間つけっぱなしにしたときの電気代は、1・5円程度です（地域や契約により異なります）。

トイレに行くためにわざわざ部屋の照明を消すと、**１００円節約するために、８００回もスイッチをバチバチ切る必要があるのです。**そうすることで、電気料金が大幅におさえられるならともかく、節約できる額は微々たるものです。

照明とエアコンだけでもこまめに消すようになると、相当な回数になります。それを習慣にするのはとても面倒です。

まめに電気を消したりするよりは、**しばらく使わない電化製品のコンセントを抜いたり、冷暖房の設定温度を変えたりすることで、今より電気代がおさえられます。さらには、契約アンペアを見直すほうがよっぽど効果が高いでしょう。**

日ごろ、電気をこまめに消す習慣があればいいのですが、それを無理にすることで、「また消してなかった」と夫婦げんかを始めるくらいなら、楽な方法で見直しましょうというのが、私の提案です。

また、2016年には電気、2017年にはガスの自由化が始まっています。**私も自由化にともなって、電力会社を変えました。それだけで年間1万円以上の節約になりました。**

どの電力会社が自分の暮らしに合うのかは、エネチェンジ、価格ドットコムの電気・ガス料金比較といった比較サイトで、郵便番号や契約アンペア、電気の使い方など簡単なアンケートに答えるだけでシミュレーションできます。

電気料金を見直すだけでも、ムダな出費をおさえられます。

第２章のまとめ

・無理なく貯める基本は、「口座は2つ」
・自動積立は手取り収入の10％から始めて、15％、20％と上げていく
・通帳を眺めて気分がよくなれば、ムダづかいしなくなる
・ありがたみが感じられると、お金は上手に使える
・「貯める動機」をはっきりさせて、目標金額を細分化する
・電子マネーを使う人は、履歴を見るくせをつける
・電気はアンペア数を下げるだけでいい

第3章

お金が貯まる人は「捨て上手」

その13

お金を貯めたければ「捨て上手」になりなさい

断捨離が「貯め体質」をつくる

部屋にものが少ない人ほど、ムダづかいをほとんどしていません。

だからこそ、お金がどんどん貯まっていって、心にもゆとりができます。すると、好きなことだけにお金を注ぎ込めるのです。

以前、ものを思い切って捨てる「断捨離《だんしゃり》」がブームになりました。最近では、それがさらに進化して、必要最低限のものしか所有しないミニマリストという人たちに注目が集まっています。

その理由は、ミニマリスト＝「お金も心も豊か」というイメージがあるからでしょう。

かつては家、車、別荘など、たくさんのものを所有していることが豊かさの象徴でした。

今ではその価値観も変わり、ものを持たないことが、おしゃれでカッコイイ時代になったのです。

とはいえ、実際はなかなか捨てられないのが、人間という生き物です。でも、**たった1回捨てるだけで、人生はガラッと変わるのです。**

そんな例をご紹介しましょう。知人から聞いたある男性の話です。がらんとした広いワンルームに住む彼は、かつてはマンガやDVD、つり道具など、自分の趣味のものを収集する癖があり、足のふみ場もないくらい部屋が散らかっていたそうです。

当時、デザイン事務所で働いていた彼は、毎日深夜まで仕事をし、たまの休みにショップ巡りをしては買い物でストレスを発散していました。もちろん、貯金なんかありません。

捨て上手になるとお金の不安も消えていく

しばらくして、体調を崩した彼はデザイン事務所をやめ、フリーのデザイナーとして自宅で仕事をすることにしました。それをきっかけに、部屋に最低限のものしか置かない生活を始めたのです。

会社勤めのときは、苦労して集めたものを楽しむ時間なんてほとんどありませんでした。

そのため、思い切ってそれらを処分して、部屋にはベッドと冷蔵庫、パソコンだけしか置かないようにしたそうです。**あれほど執着していた数々のものをいざ手放しても、困ることはなにもなかったというのです。**

使わないのであれば、ガラクタも同然です。

すると、お金がどんどん貯まっていって、フリーランスという不安定な立場でも、前よりもお金の心配が少なくなったといいます。

その理由は、ものが片づいたことでお金の大切さをより実感し、一切浪費しなくなったため。

さらに、仕事に集中できる環境で仕事の質・スピードが格段にアップし、ますます依頼が舞い込むようになったため。

極めつけは、今までものが満たされていた心が整理されたことで、今の自分にとって、なにが大切なことかがはっきりしたためだそうです。

必要最小限まで減らした道具で、仕事の合間につりを楽しむ余裕も生まれ、お金も気持ちもいっそう豊かになったといいます。

浪費癖のある人は浪費そのものよりも、その原因となっている自分の心と向き合うことで、お金の問題はきっと解決するはず。

その方法として、思い切って「ものを持たない人」を目指してください。

その14

冷蔵庫やクローゼットの中の写真を撮る

冷蔵庫にあるものを、また買ってしまう人

「ものを持たない人」が、お金を持っているというお話をしました。

生活がシンプルになると、必要最低限のものしか買わなくなります。するとムダづかいがなくなってお金は貯まっていくのです。

では、「ものを持ちすぎている人」は、どうしてお金が貯まらないのでしょうか。

まず、**お金が貯まらない人は、自分の持ちものを管理できていません。必要なものはあるのに、つい、ものを買ってしまうのです。**

一方、お金が貯まる人は、自宅のクローゼット、冷蔵庫になにが入っているかをおおよそ把握しています。ですので、すでに冷蔵庫にあるヨーグルトをまた買ってしまうなんて失敗はしません。それだけの違いなのです。

そこで、ものを持ちすぎている人には、こんな方法が有効ではないでしょうか。

ついムダな買い物をしてしまうのは、「食品」「洋服」「雑貨」などです。それらが収納されているところを、スマホなどで写真に撮って保存しておくのです。

そうすれば、いちいち頭の中で記憶しておく必要はありません。買い物の前にその写真を見るだけで、必要なものがすぐにわかります。

最近では、冷蔵庫にある食材の写真を撮って賞味期限も管理できる「Pantry Photo」「Limiter」や、クローゼットの衣類を撮影して同じものや偏ったものを買わないようにチェックできる「XZ」「JUSCLO」などの便利なスマホアプリもあります。

こうした便利アプリを使って、自分の持ちものを管理する習慣が身につくと、**不思議とものを買わなくなって、いらないものがどんどん捨てられます。**

ムダなものに対する意識が高くなるのでしょう。

同じ光景でも、写真だとまったく違って見える

写真を撮ることで「ものを持たない人」になれた例があります。

28歳のある美容師の女性は、自分が撮った写真を日記風に見せる、「インスタグラム」を活用しました。

その女性はインスタグラムに、自分のクローゼットや小物入れの写真を定期的に載せました。写真に撮ったクローゼットは実際に目で見るよりも、だいぶ印象が違って見えたそうです。それを初めて見たとき、その雑然ぶりに「こんなに散らかっていたの」と驚いたとのこと。

インスタグラムは他人にも見られるので、それもよかったのかもしれません。

それをきっかけにきちんと整理して、いらないものを捨てるようにしたところ、コートやニット、シャツなどでビッシリと埋まっていたハンガー掛けには、今では数着しかないといいます。

洋服自体も3分の1にまで圧縮できたそうです。

それを見た友達からは、クローゼットが変わっていく様子が「面白い！」とほめられたといいます。

これまで買い物に費やしていた休みを有効に活用できるようにもなって、お金のムダもなくなっていったと聞きました。

まずは、ものでいっぱいのところを写真に撮ってみるところから始めましょう。

その15

スーツケースを持っている人はお金が貯まりにくい

使用頻度の低いものは買わずにレンタルする

豊かな日本で暮らす私たちは、「ものがある生活」に浸りきっています。その状態からいきなり「ものがない生活」に変えるのは、やっぱりとても難しいことです。

そこで、**「レンタルすること」をオススメします。**

レンタルといえば、DVDやレンタカーが思い浮かびますが、今の時代、ありとあらゆるものがレンタルできます。

前出のデザイナーの彼にとって、もともと、使わなくてもものがあることが、精神安定剤の役割をしていたといいます。彼のような人はけっこういるものです。でも、常に所有している必要のないものってかなりあります。

たとえば、スーツケース。買うと10万円以上する有名ブランドのスーツケースは、レンタルすると2日で4500円ほどです。スーツケースを使うような旅行に行くのは、年間でせいぜい3~4日程度。レンタルすれば、2×4500円=9000円。買った場合、10年以上使わないと元が取れない計算になります。

スーツケースは、部屋のかなりのスペースを占領するので、頻繁に使う人以外は、確実に買う必要のない部類に入るでしょう。

ほかにも、子どもが生まれたときに必要なベビーベッドやベビーカー、運動会を撮影するときに使うビデオカメラや一眼レフカメラ、キャンプやバーベキューに使う道具なども該当します。

高額なのに使用年数や頻度が少ないものは、全部レンタルにしてしまいましょう。そうすれば、**お金も浮いて部屋がすっきりするうえ、故障の心配もなく、常に状態のいいものが使えるのです。**

買うか、レンタルか、サブスクか

毎日使うものでどんどん増えていくのが、洋服や靴です。女性なら、家計に占める洋服代はかなり大きいものです。そのうえ、なかなか自分に似合うものを探すのも大変です。

そんな女性の悩みにズバッと応えてくれるのが、ファッションのレンタルサービスです。

あるファッションレンタルのサービスを例にあげます。このサービスのスゴイところは、プロのスタイリストが、その人に似合う洋服を選んでくれるところです。しかも、月額7000円程度で3点届けられ、返却すると新たに3点届くという仕組みです。

気に入らなければ何回でも交換できて、気に入れば買い取ることもできます。しかも、クリーニング代も送料も無料です。


維持費や保険料、駐車場代、ガソリン代などを考えると買うのをためらう自動車には、カーシェアリングがあります。会員になれば、毎月定額を支払うだけでガソリン代や保険料も必要なく、24時間いつでも日本全国で登録されている自動車を使うことができます。

最近では、**サブスクリプションサービス（サブスク）も人気を集めています。**映画や音楽だけでなく、最近はファッション、アクセサリー、雑貨、家具などあらゆるものが定額で利用できます。

ただし、サブスクは契約すると、自分で退会手続きをしなければ、永遠に料金が引き落とされます。サブスクを利用する場合は、定期的に見直すことを忘れないようにしましょう。

買わなくても、ものを持てる時代になりました。ものによってはレンタルやサブスクのほうが圧倒的に便利。賢く利用して、ムダな出費をおさえるようにしましょう。

その16

2着捨てたら1着買う

「ありがとう」と感謝して捨てれば、罪悪感は薄れる

洋服のレンタルやサブスクをオススメしましたが、たまには買い物を楽しみたいという人もいるでしょう。ですので、たまには買い物をしてください。そうしないと、気持ちがカサカサしてきてしまいます。

ただし、買いすぎを防ぐために、次のことを実行してください。

「2着捨てたら、1着買う」

以前、『フランス人は10着しか服を持たない』という本がベストセラーになりました。

要はこれも一種の節約の話なのですが、単に「家計を切りつめなさい！」というより、こうしておしゃれというオブラートに包むことで、ひもじい感じがしません。

私が学生の時代は、「おしゃれな人は、いろいろな服をたくさん持っている」という価値観でした。今はこうした見栄を張らなくていいので、節約したい人にとってとてもいい時代です。

部屋にものがあふれている人は、ここから始めましょう。

服や靴を買いに行く前に、クローゼットや靴箱を眺めます。「どうして買ってしまったんだろう」というものであふれていると思います。その中から、2着（2足）選びます。

そこで、なにも考えずにゴミ袋に入れて思い切って捨てましょう。

その足で、好きなものを1つだけ買いに行きます。

捨てるのがためらわれるのは、「せっかく買ったのにもったいない」という思いがあるからです。でも、使っていないことのほうがもったいないのではないでしょうか。未練を断って、きっぱり手放すこと。その際、**「今までありがとう」と感謝をすれば、捨てるときの心の痛みは和らぎ、それまでの買い物も反省できるはずです。**

捨てなくても、メルカリやラクマといったフリマアプリを使って売るのもいいでしょう。出品も配送もどんどん手軽になっているので、使ってみる価値はあります。

売れたら、新しい買い物の費用の足しにもなります。

ただし、売れなかったら、やはり捨ててください。

ものがある程度まで減ってきたら、それ以上増えないように「1着捨てたら、1着買う」というゆるやかな仕組みに変えましょう。

どうしても捨てられないものには、執行猶予をつける

皆さんの中には、「それでも捨てられないんです！」という人が必ず出てきます。最も捨てられないのが、思い出の品です。子どもが小さいときに描いた絵や作文。亡くなったおばあちゃんからもらった古いぬいぐるみ。昔つきあっていた人からもらったネックレス。母親のお下がりのコートなどなど。私もなかなか捨てられませんでした。

こんなときは、写真に撮ることをオススメします。こうして記録するだけで、思い出をずっと残すことができるからです。

このように捨てようとする気持ちを阻《はば》むのは、ものが持つ念みたいなものです。こうした念を封じ込める方法があります。

「どうしても捨てられないものは、箱に入れておく」

まず、段ボール箱を用意します。その中に、捨てられないものを種類関係なく入れましょう。

たとえば、年始にこれをやって「1年間一度も使わなかったら捨てる」と誓いを立てます。そして、年末までまったく使わなかった場合、大掃除の際にためらうことなく箱ごと捨てるのです。

捨てられないものに猶予《ゆうよ》（時間）を与えることで、自分の気持ちとも折り合いがつけられるようになるでしょう。

その17

コンビニに3日だけ行くのをやめる

3日間で人の行動は変わる

人間には、もの以外にもなかなか捨てられないものがあります。
それは、プライドとか習慣です。

たとえば、習慣にも「お酒を飲む」「タバコを吸う」などいろいろありますが、子どもからお年寄りまで、ほぼすべての人に当てはまるのが、コンビニに行く習慣ではないでしょうか。

特にこの時代、コンビニなしでは生活できないという人は多いかもしれません。毎日コンビニのお世話になっているという人もいるのではないでしょうか。

ですから、お金を貯めるためとはいえ、全面的にコンビニを禁止するのは現実的ではありません。

そこで、**コンビニに立ち寄る習慣を3日だけ捨ててみましょう。**

これでも、毎日行く人には、ボクサーが減量するがごとく、苦行に思えるかもしれません。「それは絶対に無理！」という人は、特に用もないのに立ち寄るのをやめてみてください。

暇だとつい、雑誌を立ち読みしに行ったりしてしまいます。

その際に、ちょこちょこ買い物をしてしまうことを、私は「コンビニ脳」と呼びます。このコンビニ脳にメスを入れることこそが、お金を貯める近道なのです。

たとえば、特に買う予定はなかったのに、コンビニに入ってしまったことでビールやおつまみ、スイーツやジュースを買ったとします。これだけで軽く５００円は飛んでいきます。これが週５日で２５００円、月で1万円、年間で12万円にもなります。もし１回１０００円だとすると、年間24万円です。

コンビニに３日立ち寄る習慣を捨てるのは、こうしたムダをなくすためだけではありません。

ムダづかいのほとんどは、ストレスや不安が原因です。コンビニでのムダづかいが、ストレスや不安のかっこうのはけ口になっているのです。ですので、**コンビニにとらわれた心を解き放つのも目的なので**

す。

コンビニに行かなくなると、どうなる？

ちょっと小難しい話になりましたが、要は、**あえてコンビニに行かない状態を楽しんでみましょうという提案なのです。**

コンビニに行かない日常なんて、今まで考えたこともないと思います。特によく行く人にとっては、「3日行かなかったら、どうなるんだろう」と予測もつかないでしょう。

もしかしたら、何も問題がないかもしれません。

なかには、2日めくらいから手が震え出す人もいるかもしれません。

コンビニに3日行かないだけで、自分がどれだけ依存しているかがわかると思います。

これは、**買い物自体を見つめ直すとてもいい機会です。**

健康のために数日食事をとらない、断食の効用に似ていると思います。毎日の食事で負担をかけている胃袋を空っぽにすることで、本来の機能を取り戻す。

コンビニに週に3日行かない習慣も同じことです。ストレスによるムダづかいで負担をかけている財布と心を、デトックスするのです。

3日たったら、なぜか気持ちが落ち着いて、心がすっきりしてくるはずです。

その18

ポイントを貯める習慣を捨てる

●本書へのご意見・ご感想をお聞かせください。

ご協力ありがとうございました。

郵便はがき

105-0003

切手を お貼りください

（受取人）

東京都港区西新橋2-23-1
3東洋海事ビル
(株)アスコム

お金の先生!
できるだけ簡単に
お金が増える方法を教えてください。
読者　係

本書をお買いあげ頂き、誠にありがとうございました。お手数ですが、今後の出版の参考のため各項目にご記入のうえ、弊社までご返送ください。

お名前		男・女	才
ご住所　〒			
Tel	E-mail		
この本の満足度は何%ですか？			%
今後、著者や新刊に関する情報、新企画へのアンケート、セミナーのご案内などを郵送または E-mail にて送付させていただいてもよろしいでしょうか？ □はい　□いいえ			

返送いただいた方の中から**抽選で5名**の方に
図書カード5000円分をプレゼントさせていただきます。

当選の発表はプレゼント商品の発送をもって代えさせていただきます。
※ご記入いただいた個人情報はプレゼントの発送以外に利用することはありません。
※本書へのご意見・ご感想およびその要旨に関しては、本書の広告などに文面を掲載させていただく場合がございます。

お得なはずのポイントが、買い物の自由を奪っている

多くの人が、ポイントやマイルが貯まるカードを持っていると思います。でも、ポイントやマイルはよく貯まるのに、お金は貯まっていないという人がいるのではないでしょうか。

お金が貯まらない人ほど、ポイントやマイルを熱心に貯めているといいかえてもいいでしょう。

一見お得に見えるポイントやマイルの特典は、実はそれほどお得ではありません。

ですので、お金が貯まっていない人ほど、ポイントやマイルを貯める習慣を捨てましょう。

なぜ、お金が貯まらないのか。

それは、**ポイントやマイルを貯めるのに、それだけお金を使っているから**です。

ポイントやマイルなどの仕組みはよくできています。

最初にポイントが少し与えられると、もっと貯めようという心理が働きます。そしてポイントが貯まってくると、ついうれしくなってきます。その貯まっていく感覚が、いつしか買い物をするのと同じくらいの目的になってしまうのです。

ポイントが気になり始めると、買い物の自由度も下がってしまいます。なぜなら、一度貯め始めると、ポイントが貯まるお店でしか買い物をしなくなるからです。

ポイントを貯めるのは得。

この考えを一度リセットしてください。

そもそも**ポイントやマイルは、本来、その場で値引きしてもらえる分を先送りしているだけだということを忘れないようにしましょう。**

ある程度貯まったらすぐに使う

そうはいっても、ポイントと無縁で過ごすことができないのも事実です。というのは、ポイントやマイルが、通貨と同じくらいの価値を持ち始めているからです。なかには、購入金額の1～2％のポイントを還元してくれるところもあります。

どうしてもポイントを貯めたい人は、先ほどの内容を頭に入れつつ、冷静になっておつきあいしましょう。

次にお話する例のように、ポイントやマイルを貯めるのにお金が犠牲にならなければいいのです。

かつて、「マイル修行」という言葉がはやったことがあります。それは、ただ航空会社のマイルを貯めたり、カードのステージを上げたりするために、格安チケットを買って、用もないのに東京―沖縄間を飛行機で往復するような行為です。

こういう人は、観光地で遊んだりしません。ひたすら、飛行機で何往復もするだけです。当時は購入したチケットの代金に対して、マイルの還元率がよかったから、成り立った方法です。

ポイントを貯める際は、貯めることを目的としない。そして、ある程度貯まったらすぐに使う。これを心がけてください。

以前、我が家でも一生懸命貯めたポイントに有効期限があるのを知らず、ムダにしてしまったことがありました。そのときのショックといったら……。

お金が貯まっていない人は、まずはポイントの前に、お金を貯めることに意識を集中させましょう。

その19

自動引き落としにしている人ほど貯まらない

知らずに支払っているものがある

「貯まる口座」はお金が増えていく口座ですが、**「使う口座」はお金を使うためだけの口座ではありません。見直す口座でもあるのです。**

使う口座でチェックしたいのは、「自動引き落とし」です。

家賃（住宅ローン）、生命保険料、水道光熱費のほか、通信費、スポーツジム、子どもの塾や習い事、定期購入など、さまざまな支払いを自動引き落としにしていると思います。毎月、コンビニや銀行の窓口で支払わずにすむので、とても便利です。

でも一度、この自動引き落としを見直してみてください。

すると、**隠れたムダが必ず見つかります。特に、多くの支払いを自動引き落としにしている人ほど、見つかるものです。**

見直す際は、次の3つをチェックしてみてください。

○利用しなくなったサービスに、お金を払い続けていないか
○そのサービスや商品は、今もほんとうに必要なものか
○自分でも知らずに支払っているものはないか

たとえば、体を鍛えようと入会したスポーツジム。最初は順調に通っていたものの、忙しくなっていつの間にか行かなくなってしまった、なんてことはよくある話です。また時間ができたら行くからいいか、

と放置している人も少なくないでしょう。

ほかにも、海外のドラマや映画が見たくて加入した動画配信サービス、毎月届けられる肉や野菜、牛乳、健康食品、そして雑誌などの定期購入など。当初は必要があって申し込んだものも、時間がたつにしたがって、必要性が薄れていくものがあると思います。

極めつけは、スマホのオプションや保障サービスといった、自分でも入ったことさえ覚えていないようなものです。

これらは少ないもので数百円程度、大きいものになると数万円というものもあります。

クレジットカード詐欺事件で多いのが、犯人が毎月数千円だけ使っていくパターンです。

一度に大きな金額を使うとカード会社から確認されたり、明細書を見て気づかれたりするからです。２０００〜３０００円程度なら、気づかれずにカードの有効期限が切れるまで使い続けるケースがよくあるそうです。これが積もり積もると、何十万円という金額になるのです。**このように気づきにくいのが、ムダな出費の特徴なのです。**

お金の流れをざっくりと把握する

自動引き落としは無意識で行われる支出のため、お金の流れを見えにくくしています。

毎月家計診断をしていると、**ふだんはランチ代や小遣いを減らしてガマンをしている人が、保険料の高い生命保険に入っていたり、毎月**

1万円以上もスマホやサブスクの費用に使っている例を、たびたび見かけます。

ですので、自動引き落としを一度見直して問題がないなら、そのまま続行させてもいいですし、お金の流れを把握するために現金払いにしてもいいでしょう。

私は、お金を貯めたい人には現金払いをオススメしています。

その理由は、自動引き落としに比べて、面倒だからです。わざわざ現金で支払うなら、解約したほうが楽となれば、お金を貯めることにプラスに働きます。

自動引き落としは、ムダなお金が隠れた〝宝の山〟です。一度見直して、お宝を掘り出してはいかがでしょうか。

第3章のまとめ

・ものを捨てれば、浪費しなくなる
・写真に撮れば、不要なものを買わなくなる
・レンタルすれば、お金が浮いて部屋もすっきりする
・「ありがとう」と感謝すれば、罪悪感なく捨てられる
・コンビニに3日行くのをやめると、心がすっきりしてくる
・お金が貯まらない人ほど、ポイントを熱心に貯めている
・金額の小さい出費ほど、気づきにくい

第4章

お金持ちになりたければ、あなたの「過払い金」をなくす

その20

保険の「過払い金」を見つける

すべての人に生命保険が必要とは限らない

最近テレビやラジオで、「過払い金の返還」という言葉をよく耳にします。これはなにかというと、消費者金融などでお金を借りて法定金利以上に利息を支払っていた場合、その払いすぎていたお金が戻ってくるということです。

意味は違いますが、実は生命保険にも「過払い金」があるのです。

そして、**そもそも、すべての人に生命保険が必要とも限らないのです。**

まず、公的年金に加入していれば、年金加入者が死亡したとき、子どもがいる家庭には遺族年金が支払われます。

子ども1人と配偶者なら、年間約100万円。所得にもよりますが、厚生年金加入者なら、さらに約50万円が支払われるのです。これだけで、月12万円ほどが入ってくることになります。

また、家を買って住宅ローンを組むときは団体信用生命保険に加入します。仮に、住宅ローンを支払っていたお父さんが若くして亡くなっても、この保険のおかげで残された家族はローンを払い続けることなく、住み続けられます。要はローンがチャラになるのです。

そのほかにも、勤め先に遺児育英年金などの保障がある場合があります。そもそも、奥さんが働いていれば、収入を生活費に充てられるでしょう。

これらの保障でも足りないときに初めて検討するのが、民間の生命保険なのです。支払われる保険金の額や保障によって、支払う保険料は大きく違ってきます。

私が相談者の保障内容を見て驚くのは、**収入の割にかなりの保険料を支払っていることです。**なぜそうなるのか。

よく検討せず、すすめられるがまま加入していることが多いからです。そういったところに、「過払い金」が見つかるのです。

独身の人が生命保険（死亡保障）に加入している場合、掛け捨てタイプのものであれば、いったん解約するのも1つの選択肢です。それなら支払っている保険料をそのまま貯金に回して、家族を持ったときに再検討しても遅くはありません。

日本では医療保障もいらない

公的な医療保険制度が整備されている日本では、極論すると**民間の保険会社の医療保障もなくてもいいかもしれません。**まず、通院は基本、治療費の3割負担ですみます。

さらに、病気やケガで高額な医療費がかかったとしても、高額療養費制度によって、支払う医療費の上限が年収ごとに決められています。世帯年収が370万～770万円の場合、たとえ1カ月100万円かかっても、自己負担は9万円弱。世帯年収が370万円以下なら、自己負担の上限は6万円弱ですむのです。

また、年に3回以上、高額療養費制度を使った場合、前述の2つの年収区分では、4回め以降から4万4400円ですむのです。いざというときに、これはほんとうに大きな安心材料になります。

社会保険に加入しているサラリーマンなら、企業内保障がある会社もあります。福利厚生の一環として遺族保障をもうけているのです。会社が加入している健康保険組合の中には、医療費の自己負担が月に最大で2、3万円ですむようなところもあります。

会社を休むことになった場合、傷病手当金を利用すると、休職中も給料の3分の2を受け取れるのです。そのほか、勤務中にケガをしたときなどには労働災害補償保険（労災）が適用されます。また、失業期間中には、雇用（失業）保険で、ある程度生活をまかなえるのです。

このように、**なにかと手厚いのが日本の社会保険制度です。**

ただし、自動車保険の対人賠償保険などのように必ず加入したほうがいい保険もあります。交通事故に遭遇する確率は低いといわれていますが、万が一相手に損害を与えてしまった場合、億単位の賠償を請求されることもありうるからです。

もし、保険に加入しているなら、「過払い金」がないか一度調べてみることをオススメします。

すでにこれだけの公的保障がある！

◎公的年金

厚生年金（会社員・公務員など）
国民年金（自営業者など）

・老齢年金　・遺族年金
・障害年金

◎公的医療保険

健康保険（自営業者などは国民健康保険、公務員は共済組合）

・医療費の自己負担３割
（義務教育就学前、70 歳以降は原則２割）
・高額療養費
・出産育児一時金　・出産手当金＊
・傷病手当金＊
・埋葬料＊、葬祭費　［＊健康保険のみ］

◎介護保険

◎労働者災害補償保険（労災）

◎雇用保険（失業保険）

その21

保険の「オプション」はいらない

メリットの少ないオプションにだまされてはいけない

保険の「過払い金」はまだあります。

生命保険や医療保険にある「特約」というオプションの保障がそれに当たります。

たとえば、健康保険が効かない高度な医療技術を受けたときに、給付が受けられる先進医療特約が新しく出ています。

セールスマンから、今入っている保険にはその保障がないので、新しいものに入り直したほうが得といわれ、保険を切り替えてしまう人もいます。

ほんとうに自分にとって必要ならいいのですが、優先順位が低いにもかかわらず、今入っている保険を切り替えてまで加入するのはどうでしょう。

先進医療特約では2000万円までカバーできますといわれると、治療費がとても高額なイメージがあると思いますが、厚生労働省の資料で計算すると、先進医療の平均は約76万円となっています。

利用者も少なく、国民の0・03％ほどといわれています。

そう考えると、その特約だけのために、今より高い保険に切り替えるのは得策ではないかもしれません。

このように、「特約」を基準にほかの保険も見直していくと、「過払い金」が雪だるま式に大きくなっていることがわかります。

生命保険や医療保険以外だと、たとえば、住宅を購入したときに加入する火災保険も、契約書の内容を吟味すると必要以上の補償に保険料を支払っているケースがあります。

保険会社のアバウトな評価方法が原因で、保険料の過払いが問題視されたのはつい最近のことです。

また、海外旅行へ出かける直前にあわてて入る海外旅行傷害保険も、皆さんが持っているクレジットカードについていることが多いので、確認してみましょう（保険が適用される条件は各社違います）。

ひと手間をかけることで、ムダな出費はなくなります。

契約内容をよく理解せずに、1000万円も払っている

日本人は保険好きといわれ、実に80％の人が生命保険に加入しています。しかし、相談を受けていると、**セールスマンにすすめられるがまま、契約内容をよく理解していないのに入っていたり、自分にあった保障かどうか知らずに入っている人がほんとうに多いのです。**

生命保険文化センターの「生命保険に関する全国実態調査（平成30年度）」によると、一世帯の年間保険料の平均は38万円2000円。30歳から60歳まで30年間保険に加入すると、約1140万円の大金を保険にかけていることになります。

1140万円が残っていれば、老後も余裕をもって暮らしていけますし、住宅ローンの借入額を減らすこともできるのです。

ですので、**まずは保険証券を確認してみてください。**

見方がわからない場合は、保険会社のコールセンターや顧客のことをいちばんに考えてくれるファイナンシャルプランナーに相談するのもいいでしょう。

これまでに、血相を変えて保険証券を持って来られた相談者が何人もいました。相談内容はというと、保険会社から更新のお知らせがきて、毎月2万円だった保険料が翌々月から4万円になるというので驚いたというのです。

ですので、保険に入る前に、いつまでにいくら支払うのかを必ず確認しておきましょう。

保険は一度手続きすると毎月口座から引き落とされるので、それを見直す習慣がないと自分がいくつの保険に加入していて、総額いくら払っているのかがわからなくなります。

それではいつまでたっても、お金は貯まっていきません。

私がオススメするのは、**必要最低限の保障は保険や共済でおさえて、あとは貯金を増やしましょうということです。**

これから入るならネット生保と損保

必要最低限のために、**これから新たに保険に入るなら、ネット生保がオススメです。** 圧倒的に安い保険料で加入できます。

ネット生保が安いのは、ネット上で契約や見直しなどができるので、人件費がかからず、その分、保険料をおさえられるからです。また、ネット生保はシンプルでわかりやすい商品が揃っているので、自分に合う保障額の保険を選びやすいのも特徴です。

それから、**今後加入しておいたほうがいいのは、損害賠償保険です。**2020年4月から東京都や山梨県、福岡県などで自転車保険に入ることが義務化されました。自転車事故でも、損害賠償は億単位になることがあります。

ただ、損害賠償保険には自転車1台に対するもの、家族全員に対応できるものなどさまざまなので、加入前に自分に合う保険なのかどうかをしっかりと確認してください。

その22

病気になっても薬局に行かない

市販の薬より医者の処方のほうが安くなる

買い物や保険以外にも、お金を貯められるところはたくさんあります。たとえば、**自治体などが提供するサービスをとことん利用するの**も、方法の1つです。

私たちは毎月しっかりと、社会保険料や税金を納めています。健康保険組合に健康保険料を支払い、住まいのある自治体に住民税を支払っています。

ですので、まずはこれらのサービスから利用することが得策なのです。

たとえば、かぜを引いたら、薬局へは行かず病院に行く。薬局で市販されている薬より、病院で処方される薬のほうが負担が少なくてすみます。**病院に行っても行かなくても、毎月払うのが健康保険料です。それを利用しないのは、掛け捨ての保険にお金を払い続けているようなものです。**

また、処方薬をジェネリック医薬品（後発医薬品）にすることで、もっと薬代を安くおさえられます。後発医薬品といっても効果は新薬と変わらず、価格は新薬の約2～5割に設定されています。長く飲み続ける薬の場合はその差をより実感できるでしょう。

また、テニスを始めようとしたとき、子どもに水泳を習わせようとしたとき、民間の教室へは行かずに自治体が主催する教室に通う。体を鍛えたいときも同じです。

高いスポーツジムの会員になる前に、自治体のスポーツセンターなどを利用してみましょう。ほかにも、書道や生け花、俳句など、さまざまな教室や講座も開催されています。

最近では、**サービス内容や機材の豊富さが、民間とそれほど変わらないところもあります。なのに、料金は民間の2分の1から3分の1ですむのです。**さらには、健康診断や歯科検診が無料で受けられる自治体もあります。

これらのサービスは、自治体などが利用するようにと個々に働きかけるわけではないので、まずは、自分が暮らしている自治体のホームページや広報紙をチェックしてみましょう。住民税はしっかり納めているのですから、図書館の利用だけではもったいないのです。

福利厚生を使わないのは損

まだあります！

サラリーマンなら勤め先の福利厚生をしっかり活用しましょう。

たとえば、会社や会社が所属している健康保険組合が契約している保養所や宿泊所があります。

1泊2食付で1万円以上の施設が3000〜6000円ほどで泊まれたり、アミューズメント施設に格安で入場できたりと、ネットで予約するよりも安く楽しめる場合もあります。

レジャーだけではありません。

会社はいろいろなところと提携して、従業員のために福利厚生を充実させています。保険に安く加入できたり、スポーツジムや飲食店などが安く利用できたり、薬や健康関連の商品まで安く買えたりと、とにかく従業員の生活全般をサポートしてくれるのです。

手続きはとても簡単です。まずは、会社の総務が配っている資料や健康保険組合のホームページを見てください。

これらを利用するのとしないのとでは、家計に与えるインパクトはまったく違ってくるでしょう。

その23

住む場所を「家賃だけ」で選んではいけない

自治体が提供する補助金や助成金に注目

引越しを検討しているとき、なにを基準に住まいを選んでいますか？

なじみのある土地、公園や学校などの住環境……。もちろん、それらも大きな要素になってくるでしょう。なにより大きいのは、買うにしても借りるにしても、住まいにかかるお金ではないでしょうか。

しかし、**家賃などの住居費が安いというだけで住む場所を決めてしまうと、結果的に損をする場合があるのです。**

なぜそうなるのか。それは、自治体ごとに力を入れているサービスが異なるからです。

金銭的なことでいうと、さまざまなサービスに対して、補助金や助成金が出る自治体と出ない自治体があるのです。

その違いは、**自治体の財政力や、そこに住んでいる人たちの特性によって大きく変わります。**つまり、そのエリアには会社や工場がたくさんあるのか、住宅がたくさんあるのか。

また、住宅が多いエリアなら、高齢者が多いのか若い世代が多いのかで、力を入れている住民サービスが違ってくるのです。

ちなみに、東京の中でもお金を持っている自治体が、武蔵野市です。住みたい街ランキングで常に上位入りする、吉祥寺がある自治体です。武蔵野市の財政力が高いのは、広範囲に商業エリアがあるのと、高額納税者がたくさん住んでいるためといわれています。

では、これから子どもが生まれる予定の夫婦が住まいを選ぶ際、単純に、武蔵野市のようなお金持ちの自治体を選べばいいのでしょうか。確かに、財政状況がいい自治体のほうが手厚いサービスが期待できます。しかし、だからといって、その自治体が子育て支援を充実させているかというと、必ずしもそうではありません。**その傾向は自治体によって異なってくるのです。**

また、1カ月の生活コストも住む地域によってかなり差が開いています。以前に調べたところ、生活費が高いのは関東地区。逆に生活費が低いのは沖縄県や東北地方でした。

コロナの影響でテレワークが促進され、職場に出勤しなくても自宅で仕事ができる人も増えています。こうなると地方の移住を真剣に考える人も増えてくるでしょう。

私の先輩も、コロナを機に、徳島県に移住されました。仕事はオンラインで問題なくできており、生活費は下がったし、五感が研ぎ澄まされてよかったと話していました。

住む場所を選ぶ視点はいろいろある

住居費や生活費が高いと感じている場合は、住む地域を変えてみるのも良いかもしれません。

ちなみに、介護保険料、国民健康保険料、水道料金などは自治体によって差があります。

たとえば、**介護保険料は自治体ごとに3年に一度見直されています。**2018〜2020年度の全国平均は、月額5869円。最も低かったのは、北海道音威子府村《おといねっぷむら》の3000円でした。

国民健康保険は市区町村それぞれが運営しているため、自治体によって保険料が変わってきます。いちばん安い自治体は年間5万6234円の東京都御蔵島村《みくらじまむら》、高い自治体は19万870円の北海道天塩町《てしおちょう》。

水道料金にも差があります。最も高いのは北海道夕張市で1カ月6841円（20㎥あたり）、最も安いのは兵庫県赤穂市で1カ月853円と、かなりの差があります。

公共料金は、住み始めると毎月のコストとしてかさんできますので、引越し前には調べておくとよいでしょう。

その24

携帯代は半額以下にできる

安くなった携帯電話。それでも注意が必要

昔に比べて出費が大幅に増えたものといえば、通信費でしょう。

とりわけ、家族全員が持つようになった携帯電話は、これまで大手携帯電話会社3社が独占状態だったため、料金が下がることはなかなかありませんでした。

それが今では、その3社以外にも選択肢がたくさん増えてきました。

数年前から通信関連を管轄する総務省が、契約者をしばっていた契約内容の改善を促し、簡単に他社に乗り換えられるようになったためです。

さらに2018年には、菅義偉官房長官（当時）が「携帯電話料金は4割下げられる余地がある」と発言し、料金プランにも注目が集まりました。

そして菅氏が総理大臣に就任した2020年12月、NTTドコモが通信使用量20GBで月額2980円（2021年3月に2700円に）の新しい料金プランを発表。これまで同じプランで約6000円だった料金が半額以下になりました。その後、au、ソフトバンクは2021年2月にデータ通信のみで2480円のプランを発表。楽天は1GB以下であれば無料の発表を行いました。

今まで6000円、下手をすれば1万円近くかかっていた携帯電話の通信費が、契約の見直しだけで3000円以下になるので、これは非常に大きなメリットです。

ただ、これで落ち着くかといえば、**価格競争はこれから本格化を迎えそうです**。なぜなら、総務省はまだ納得しておらず、携帯会社によっては「まだ改善の余地がある」と発表しているからです。

まだまだ節約する方法はある

この安くなった携帯電話料金でも、さらに支出を抑えることは可能です。

その1つが、**MVNOなどの格安スマホ**です。

マイネオは20GBなら1980円、5GBまでなら1380円の料金体系を発表しています。またIIJmioは4月に新料金をスタート。音声SIMは20GBで1880円です。

もう1つの節約のポイントは携帯電話本体です。

2021年2月現在では、2年で携帯電話の本体価格を分割して購入する契約で、2年ごとに最新機種を買い替えている人も多いようです。

分割されているとはいえ、10万円もする携帯電話を2年に一度買い換えると、月額では4000円を超える金額になってしまいます。

常に最新機種を使うのではなく、**今使っている機種をできるだけ長く使う、購入の必要があれば中古を使う**などをすれば、大幅な節約につながります。

かつては、固定電話が一家に1台しかありませんでした。そのため、通信費は家族全員で月に3000~4000円程度。それが今では、家族1人ひとりが携帯電話を持つようになったことで、通信費は何倍にもふくれあがり家計を圧迫しています。

1人あたりの平均的な携帯電話料金は、月6000〜8000円ほどといわれています。家族4人全員が使っていたとすると、安く見積もっても2万4000円にもなるのです。

そんな通信費も**料金プランを見直すだけで半額、格安スマホに乗り換えたり、中古の機種を利用したりすれば、もっと圧縮できる**でしょう。

ただし、料金プランには契約時に電子決済や動画視聴、留守番電話機能、転送電話サービスなどさまざまなオプションが含まれています。必要なものはそのままでもかまいませんが、まったく使わない有料サービスもあるので、確認して解約するのを忘れないようにしましょう。

その25

サラリーマンにも「手軽にできる」節税がある

年金の掛け金の分だけ節税できる

サラリーマンは収入や扶養家族の人数によって納める税金が決まり、給料から天引きされます。そのため、自分で申告する自営業者に比べて、税金に対する意識が低いといわれています。

自営業者は仕事上で使ったものであれば、飲食、通信、書籍、自動車関連など、さまざまな経費が認められていて、経費が多いほど納める税金は少なくなります。

では、サラリーマンは、通常の給与所得控除や各種控除（配偶者控除、扶養控除など）以外に、経費がまったく認められていないのか。

実はそうでもないのです。まず、よく知られているものだと、家族でかかった医療費を計上できる**医療費控除**があります。これは活用している人も多いと思います。

ここでは、手軽にできる節税法をいくつかご紹介します。

1つめは、収入の少ない親を扶養家族にすることです。親の年間所得の合計が48万円以下（給与収入の場合、103万円以下）なら、**扶養控除**が受けられ、それだけ課税対象所得が少なくなります（別居の場合は、そのほかに条件あり）。

2つめは、**個人型の確定拠出年金iDeCo（イデコ）**に加入する方法です。iDeCoとは、公的年金の上乗せ年金として2001年にできたものです。企業型は企業が導入し、個人型は個人が任意で加入できます。個人型は定期預金や保険・投資信託などの運用先を自分で選び、その運用結果である受取額を60歳以降に年金、あるいは一時金として受け取ることができます。

現在、運用できる上限は年額で決まっており、月換算すると、会社員（企業年金あり）は1万2000円、会社員（企業年金なし）や専業主婦（夫）は2万3000円、自営業は6万8000円です。

しかも、**iDeCoは掛け金が全額、課税対象となる所得金額から控除されます**。

たとえば、企業年金なしの会社員の場合、課税される所得金額が200万円の人が、その人の上限である年間27万6000円をかけると、年間5万5200円の節税になります。

20年で110万円の節税になるので、見逃せません。さらに、運用して出た利益にも税金がかからないというメリットもあります。

ふるさと納税は手続きが楽に

3つめが、「ふるさと納税」です。厳密には節税ではありませんが、お得感満載の制度です。

ふるさと納税とは、自分が選んだ自治体に寄付ができる制度です。これは寄付をしておしまいではなく、寄付した金額から2000円を差し引いた金額が、原則としてまるまる戻ってくるのです（その分の所得税と住民税が安くなります。一定の上限あり）。寄付をしたお礼として特産品を送ってくれる自治体もあります。

その内容がすごいのです！

高級なカニや牛肉など、とても手数料2000円でもらえるものとは思えないものばかり。

たとえば、年収350万円の人で、独身、もしくは共働きの場合、年間3万4000円のふるさと納税を行うと、2000円を差し引いた3万2000円が所得税と住民税から控除されます。所得の多い人や税金をたくさん支払っている人ほど、上限額は大きくなります。

寄付する自治体が5つ以内であれば、**所得が給与のみの人などは確定申告が不要になって手続きが簡単になりました。**

まずは、ふるさと納税のサイトにアクセスして、応援したい自治体を選び、寄付金の額を決めてボタンを押すだけです。

私も実践していますが、とてもお得な制度なのです。

その26

55歳を過ぎたら家を借り替える

田舎にある古い実家を残されても処分に困るだけ

老後に向けて家計を見直すチャンスは、55歳でやってくると考えています。なぜ、60歳ではなく55歳なのか。

30歳前後のときに子どもが生まれたとして、大学を卒業して社会人になるのがちょうど55歳前後。また、サラリーマンの場合、給料の伸びが頭打ちになってくるのが、そのあたりの年齢だからです。

では、老後に向けてなにをすればいいのでしょうか。

55歳を過ぎたら、「持ちもの」をスリム化しましょう。

まず考えたいのは、持ちものの代表である家のスリム化です。持ち家の場合、子どもを含む家族全員で住むことを前提に購入しています。ですから、家族4人が4LDKで暮らしていた場合、子ども2人が独立すると夫婦2人がそのまま暮らすには広すぎます。

そこで、**夫婦2人でじゅうぶんな広さの家に買い替える（もしくは借りる）のです。**場所にもよりますが、都会に出て行った子どもたちにとって、地方にある広くて古い家は、残されたところで活用できないうえ、将来的に処分に困ることになります。

その際、大切なのは、住んでいる家を処分してコンパクトな家に買い替える（借りる）とき、新たにローンを組む必要がない（賃貸の場合、月々の負担が少ない）こと。これができれば、身軽になれるうえ、金銭的にも気持ち的にも負担が減ります。

ほかには、毎月支払っている保険料のスリム化です。

いざというとき、残された家族（子どもの養育）のためにと加入した保険も、子どもが独立したら大きな保障は必要ありません。自動車保険も、自分たちだけが乗ることを考えると補償条件が下げられ、保険料も少なくできます。また、大型車に乗っていたら、小型車に乗り換えることもできるでしょう。

スリム化で老後資金を捻出する

こうして、**子どもがいなくなったことで不要になった持ちものを、スリム化することでお金のムダをどんどん削っていくのです。**

なぜ、こういったことをするのか。

まず1つめは、**単純にもったいないから**です。子どもがいる前提で支払っているものをそのままにしておくのは、ムダです。

そのような出費は、少額投資非課税制度のつみたてNISA（ニーサ）を使って、老後の資金の蓄えにまわしたほうがお得です。この制度は、年間40万円を上限に買い付けた投資信託などで得た利益が、最長20年間、非課税になります。しかも、金融機関によっては、月々100円から投資できるだけではなく、いつでも必要なときに引き出すことができます。

2つめは、**老後資金を少しでも捻出する**ためです。定年までに備えておきたい老後資金は、サラリーマンであれば3000〜5000万円といわれています。子どもがいなくなることで、教育費や食費、光熱費などの出費は自然と減っていきますが、給料の減り始める55歳からはお金を貯めたくても、なかなか貯まらないからです。

3つめが、**小さな家計での生活に慣れる**ためです。定年して年金生活に入ると、さらに収入は少なくなります。定年後の平均的な家計データを見てみると、年金収入だけでは足りず、毎月約3～4万円を貯金から取り崩している人が多いのです。

それまでと同じお金の使い方をするわけにはいきません。かといって生活レベルを極端には落としたくない。だとすると、55歳くらいから徐々に体を慣らしていくしかないのです。

身の丈に合った生活に慣れておく。これが、セカンドライフでお金と上手につきあっていくための大切なポイントです。

第４章のまとめ

・すべての人に生命保険が必要とは限らない
・セールスマンにすすめられるがまま、保険に入ってはいけない
・自治体のサービスなら、最大で「民間の3分の1の料金」ですむ
・子育てや高齢者対策など、力を入れているサービスは自治体によって違う
・格安スマホにすれば、「携帯代は半額以下」にできる
・ふるさと納税は手続きが楽で、お得感がある
・子どもが独立して不要になった、家、保険、車を処分してお金を捻出する

第5章

お金を使わせたい側の本音を知ろう

その27

ビールは「箱買い」しない

安くても消費量は2倍に増える

多くの人がまとめ買いをするのは、平日は仕事で忙しいので、週末に1回買い物するだけなら手間が省けて、節約できた気分になれるからでしょう。

その際にやりがちなのが、晩酌用のビールを箱買いすることです。自宅で飲むことが増えた昨今、さらに箱買いしている人が多くなっているのではないでしょうか。

その習慣、実はお得ではありません。

1本あたり数十円安いので、「1箱で数百円も得した！」と思うでしょう。実際そうなんですが、そのせいで**消費量が格段に増えてしまうところが、箱買い、まとめ買いの盲点なのです。**

あると思うと、ついつい進んでしまうのがお菓子やアルコール類の嗜好品《しこう》です。**甘味やアルコールをとると脳が快感を覚えます。この快感を覚えるメカニズムは、なんと麻薬中毒と同じなのです。**そのため、甘いものもアルコールも、体がもうこれ以上必要がないというサインを出しても、脳がそのブレーキを解除してしまうのです。

ダイエット中の人が、ときどき甘いものを猛烈に食べてしまうことや、じゅうぶんに酔っている人がビールをおかわりしてしまうのは、依存性があるからです。

ビールを箱買いするようになってから、休肝日がつくれなくなったという話をよく耳にします。1日1本を守れる人はいいのですが、「今日は大変だったからもう1本飲もう」と増えていった結果、消費量は2倍になってしまうのです。

ですので、**お菓子やビールが欲しくなったら、その都度必要な分だけ買うことをオススメします。**もう少し飲みたいと思っても、わざわざ外に買いに行く手間を考えると、それが抑止力になるのです。その結果、おなかも出費もおさえられます。

そもそもビールは、原価は安いものの酒税があるため、メーカーや小売店にとって利幅の少ない商品です。なので、利益を生むには数を売らなくてはなりません。数を売るには、酔いという作用をもたらすビールは格好の商品で、お酒が好きな人にたくさん買ってもらえるようお得感を訴えれば、乗ってくれるお客さんがたくさんいるのです。

お酒のほか、ジュース、チョコレートやスナック菓子といった嗜好品、それから肉や野菜といった生鮮食品も、安いからといってまとめ買いするのはオススメできません。買ったことを忘れて冷蔵庫に入れたままにしていると、腐らせたりするからです。

お金と健康を大切にしたかったら、その都度買いをぜひ実践してください。


ついつい買ってしまわなければ、ムダがなくなる

でも、すべての買いだめがいけないとはいいません。

トイレットペーパーやシャンプーなど、**いざというときにないと困**

るもの、あっても腐らないもの、消費のスピードが一定のものに関してはOKです。防災用品などもあらかじめ買っておいてもいいものだと思います。

ただし、置き場もないくらい買いだめするのはやめましょう。

メーカーや小売店は、私たちの財布のひもをゆるめるために、ありとあらゆる戦略を考えています。それは、私たちに「ダマされた！」と思わせないよう絶妙な方法で仕掛けてきます。その際に狙われるのは、私たちが抱えている欲望やコンプレックス、不安やストレスといった心のスキマです。

ここをめがけてアナウンスしてくるのを理解したうえで上手につきあえれば、お金も貯まる賢い消費者になれるのです。

その28

「今がチャンス」「全品3割引」の宣伝文句で買わない

チラシはお店に来てもらうためのまき餌である

ついムダな買い物をしてしまうのは、買いだめや箱買いによるものだけではありません。「同じものなら、安く買いたい」という人間の心理をついてくる宣伝文句にも注意が必要なのです。

ですので、**食品や日用品の出費が多いという人には、チラシや広告を見るのをやめることをオススメします。**

なぜなら、そういった人は、チラシにあるお買い得品を求めて買い物に行ったはずが、余計なものまで買っていることが多いからです。

つりにたとえると、私たちが獲物なら、チラシや広告はまき餌《え》のようなものです。つり糸がたれているところまでおびき寄せるためにあるのです。

そのため、チラシには「全品3割引」「5時からタイムセールで半額」といった、私たちの胸が躍るような文言が巧みに並べられています。

店側からすればお店に来てもらえれば、しめしめという感じなのです。それは、**スーパーなどの店内には、私たちがつい買いたくなるような仕掛けが張り巡らされているからです。**

スーパーは裏側から入ると浪費しない

そもそも、店内での行動経路を思い浮かべると、私たちはまさに回遊魚のような動きをしていることがわかります。

スーパーのほとんどが、お客の流れが左回りになるように設計されています。心臓が左側にある人間にとって、左回りのほうが心地よく感じるためといわれているのです。

また、ほとんどのスーパーでは、メインの入り口付近に果物売り場があります。そうなんです、**スーパーの店頭に鮮やかな明るい色を配置することで、買う側の気持ちを高揚させるのです。そのほうが、購買意欲が高まり、財布のひもがゆるむからなんです。**

確かに、外観や店内が暗いスーパーを見たことがないでしょう。また、ハンバーガーショップや牛丼店の看板は、みな色鮮やかです。暗いよりも明るいほうが気分は乗ってきます。

店頭には果物のほか、お買い得品がこれでもかと積まれていることがありますが、それは、その商品をカゴに放り込むことで浪費スイッチが入るようになっているのです。

店側のいろいろな仕掛けにはめられているのが、私たちなのです。

そこで、提案です。

スーパーには裏側から入ってみましょう。

スーパーには出入り口が表側と裏側の2カ所ある場合が多いので、気分を高揚させる表側の入り口は避けるのです。また、たくさんのものが積めるカートではなく、カゴを両手に抱えて重みを感じながら店内を回りましょう。

たったそれだけのことで、これらのマジックに引っかからずに、買いたいものだけ買うことができるはずです。

さらに、あらかじめ必要なものをメモしてから、買い物に臨みましょう。また、第3章でご紹介した冷蔵庫の中の写真を撮って、それを見ながら必要なものだけ買うといったことも有効です。

スーパーではお得なものを買うよりも、余計なものを買わないということを心がけること。それがあとあと家計に効いてきます。ぜひ覚えておいてください！

その29

「送料無料」にしばられない

なぜ1個だけでも送料無料になるのか

忙しいときに便利なネットショッピング。クリックするだけで、水やお酒など重いものをはじめ、「こんなものまで買えるの？」という商品もすぐ届くので、ついつい使ってしまいますよね。

コロナ禍で外出自粛が続いて、ネットショッピングが好きになって人もいるかもしれません。

このネットショッピング、「送料無料」だと、ページのアクセス数に対して購入率がグンと上がるそうです。

逆に、送料無料じゃなければ買わないという人が増えているといいます。

そこに買わせる側の罠が仕掛けられているのです。

なんで送料無料が可能なのでしょうか。

あるショッピングサイトはこういう仕組みになっています。もちろん、サイト側は配送会社に送料をきちんと支払っています。要は、サイト側が自ら負担しても、たくさんの人が買ってくれれば、負担した送料をまかなえるくらいの利益が生まれるからなのです。

「部屋にものがあふれている」「ムダな買い物をしている」人ほど、送料無料にどっぷりつかっているのではないでしょうか。

こういった人はまず、**送料無料と距離を置いて、必要なものだけを買うようにしましょう。**きちんと送料を払っても、そのほうが確実にお金が貯まり、部屋はシンプルになるはずです。

ショッピングサイトの奴隷にならない

コロナ禍で特に需要が伸びているネットショップは、便利な反面、ムダづかいの温床にもなってしまいます。ネットショップをつい利用してしまうのは、ワンクリック購入という便利さ。これはお店で現金購入するのと比較すると一目瞭然でしょう。

お店で商品を現金購入するためには、①欲しいものを調べる、②現金を用意する、③お店に出向く、④商品を手に取る、⑤レジに並ぶ、⑥財布から現金を出して購入する、とちょっと思い浮かべただけで、いろいろなステップがあります。

しかしネットショップの場合は、これらの手間がすべて省かれてしまいます。１００円の商品でも数万円する商品でも、すべてワンクリックで自宅に届いてしまう。

これでは、**ムダづかいしてしまった痛みを感じることもできません。**

ネットショップでさらにおそろしいのは、自分の購入履歴から「こんな商品もおススメです」とサイト画面やメールで頻繁に進めてくるところで、しかもその紹介された商品が魅力的です。

そして、**クレジットカードという出費の痛みを感じにくい方法で「欲しい、即購入」が簡単にできる仕組み**が出来上がっている。これがネットショップなのです。

まずは、ご自身のネットショップムダづかい度を知りましょう。

やり方は以下の通りです。

①自分の購入履歴から、直近1年で買った商品の満足度を10点満点で点数化する。

②7点以下の満足度だった商品をリストアップし、それらの商品の合計額を計算する。計算はざっくり千円単位でOK。

合計額が節約できたはずの金額です。

ネットショップの怖いところは、合計いくら買い物したか把握しにくいところです。ネットショップでムダづかいしないためには、ムダづかいしてしまった金額を知ることが最初のステップ。

ぜひ定期的に、できればネットで何か買いたいなと思うたびに、購入履歴のページを開いてみてください。

その30

「ほとんどの人に必要ない」最新機種は買ってはいけない

使いこなせている人はほとんどいない

スマホの新機種が出ると、買わずにはいられないマニアがいます。

でも、今使っているスマホの機能って全部必要でしょうか？　パソコンにもいえることですが、**ほとんどの人がすべての機能を使いこなせていないと思います。**

高いお金を出して買っているのに、ほんとうにもったいないことです。

ですから、最新機種を買う必要はないんです。

なぜ毎年のように、新商品が出るのでしょうか。
それはメーカー側の事情なのです。常に新商品を出し続けないと、売り上げがたたないからなんですね。ですから、メーカーは消費者が喜びそうな機能を考え、日々、新しい技術を研究開発しています。

でも、私だったら、**ハイスペックな機能はいらないので、値段をもっと安くしてほしいと思うところです。**
満ち足りた生活が送れている今の時代、「もうこれ以上、新しい機能なんていらない」と思うのは私だけではないはず。実際、ものが売れない時代といわれています。

そのため、メーカーの商品開発の担当者は、そんな消費者の本音とのギャップに悩み続けていることでしょう。
ときには、ロボット型掃除機のように「こんな商品が欲しかったのよ」というものが出てくることもありますが、今以上進化したものは、多くの人にとって無用《むよう》の長物《ちょうぶつ》ではないでしょうか。

そんな私も、つい最近、こんな失敗をしました。

2020年5月、新型コロナによるステイホーム期間です。この機会に体を鍛えようと思った私は、腹筋やウエストを引き締めるSIXPAD（シックスパッド）を買いました。世界的に有名なサッカー選手、クリスティアーノ・ロナウドの広告で知られている鍛えたい部位に装着するだけのトレーニング機器です。

効果はなかなかのものでしたが、いつの間にか使わなくなってしまい、今では部屋の片隅でおやすみしています。

このような商品を買うとき、**人間の脳はものを手に入れてある程度は楽しみますが、次第になんとも思わなくなるものなんだと**、深く反省したものです。

新しもの好きは、お金と部屋のスペースを失う

人間は、新しいものがとても好きです。ですので、思わず新商品に飛びついてしまいます。

私の知人でも、一人暮らしの部屋に最新のエスプレッソマシーンを買ったものの、今では使わなくなって押し入れに入ってますという人や、スチーム調理機能のついた電子レンジも、今では単なる電子レンジとしてしか使っていませんといった人がいます。

そういう私の筋トレグッズも眠ったままですが……。

こういった買い物は、確実にお金と部屋のスペースを失います。

そうならないためにも、**必要のないハイスペックな新製品は買わないことです。今あるものを大切に使いながら、着実にお金を貯めていきましょう。**

第5章のまとめ

・箱買いやまとめ買いで、消費量は増える
・スーパーではお得なものを買うより、余計なものを買わないことを心がける
・見ているだけで楽しい「ショッピングサイト」には、要注意
・ハイスペックな新製品を買わずに、今あるものを大切にする

第6章

お金が貯まる人になると、人生が変わる

その31

お金は増やせる時期と増やせない時期がある

投資ビギナーにオススメは投資信託

現在、銀行の定期預金に100万円を預けると、1年後の利息は20円（税引き前）です。

かつては6％だった時代があり、12年で利息は100万円つき、元本は倍になりました。今は12年預けても240円しかつきません。超低金利が続き、貯蓄から投資へという時代の流れになっています。

だからといって、お金を増やすためにFX（外国為替証拠金取引）や仮想通貨に走るのは、あまりオススメできません。

もちろん、短期間で大金持ちになるチャンスはあるかもしれませんが、それはごくごく一部のラッキーな人たち。投資ではなく、投機的な意味合いが強い資産形成は安全な資産形成とはいえません。

投資ビギナーにオススメなのは、投資信託を活用した積み立て投資です。

投資信託というのは、たくさんの投資家から集めたお金を資金にして、運用のプロが株式や債券などで運用するものです。「○○日本株式ファンド」「外国債券△△ファンド」など、投資対象ごとにパッケージになっています。**証券会社や銀行などで少額から買うことができ、100円から投資できる**金融機関もあります。

毎月一定額を積み立てるようにすると、価格が高いときは少なく、価格が低いときは多く買うことができ、自然と購入価格が平均化され、リスクが分散されます。

金融庁の資料によると、過去20年間、日本・先進国・新興国の株と債券に積立投資をした結果、年平均4％の利回りとなり、資産は80％増加しました。

将来のことは断定できませんが、この先も世界経済が長期的にみて上がっていくのではないかと思われるなら、**投資信託を組み合わせてコツコツ資産形成していく**とよいでしょう。

国が個人の資産形成を後押しするためにつくった「ｉＤｅＣｏ」（Ｐ１７０）や「つみたてＮＩＳＡ」（Ｐ１７８）で積み立てると、投資で得た利益を非課税で受け取ることができます。
また、「つみたてＮＩＳＡ」で積み立てられる投資信託は、金融庁の基準をクリアした、コストが低く長期投資にふさわしい商品であるため、初心者でも始めやすいでしょう。

ライフプランを立てるとお金の流れが見えてくる

投資をしたくても、家計に余裕がない時期もあると思います。焦る必要はありません。そんなときは、ライフプランを立てて、これからのお金の流れを確認しましょう。

ライフプランとは、子どもの教育資金や住宅購入などのライフイベントとそれにかかる費用を見積もり、これからのお金のシミュレーションをすることです。

このライフプランを立てると、**出費が重なって貯金を行うことが難しい時期と、比較的出費がおさえられて貯蓄ができる時期が見えてきます。**

それがわかるだけでも不安を安心に変えることができます。

もし、今の時期がお金を増やせない時期でも、その時期を過ぎればお金を増やせることにつながるかもしれません。

この本に書いてある健全な家計になっていれば、時期がくれば自然とお金が増えていくことでしょう。

その32

お金が貯まってくると自信がつく

自信がつけば不安もなくなる

「お金が貯まると、自分に自信が持てる」

これはほんとうの話です。

お金にゆとりができれば、なにが起こってもあわてずに、どっしりと構えていられるからです。

たとえば、会社の業績悪化のあおりで給料が下がっても、蓄えがあるのとないのとでは精神的にまったく違ってきます。

また、**お金を貯められたという事実が、自信を与えてくれます。**

「今月もこんなに貯められた！」という自信が、いつしか「自分はできる！」という確信に変わっていくのです。

逆に、お金がないといつもソワソワして、不安を感じやすくなります。その不安がムダづかいにつながるのです。**お金が貯まらない人は、こうした成功体験が不足しています。**

ですから、まずは小さな目標でかまいません、一歩一歩目標を達成していきましょう。

ある相談者の話です。

お子さんが生まれたばかりで育児休暇を取っていました。

それによって世帯収入が下がったため、夫の給料でやりくりしようと決めたそうです。

彼女の家庭は、それまでは外食が多かったため、実験的に1カ月の食費4万円で生活しようと目標を立てました。

1週間で1万円、1日で1400円ちょっとです。

それを1日、1週間、1カ月とクリアしていけるかチャレンジしたのです。

1週間が無事経過し、もう1週間、あと1週間と続けていったら、あっという間に1カ月が経過したそうです。振り返ると、献立を決めてなにを買うかを明確にし、予算内で家族においしい料理をつくることは思いのほか楽しいことだったそうです。

たったこれだけのことで、かなりの自信になったといいます。

小さな成功体験で「貯まるスイッチ」が入る

こうした小さな成功体験を積み重ねていくことで、人は自信が持てるものなんですね。

脳は楽しいことに快感を覚えます。

すると、脳は楽しいことを「もっともっと」と要求してきます。すると、貯まるスピードがぐんぐん上がっていくのです。

私はこの瞬間を、「貯まるスイッチが入る」と表現しています。

このスイッチは誰にでもあるのです。どんなことで貯まるスイッチが入るかは、人それぞれです。

ある人は、毎月、口座の残高が増えていくのを見るだけで、スイッチが入ったといいます。目標達成に向けて、数字が積み上がっていくのが楽しいからだそうです。ここまでになると、小さなお金でもおろそかにしなくなるでしょう。

スイッチを入れるには、小さな刺激でじゅうぶん！
入ってしまえば、もっと貯めようと工夫するようになります。

そのためにも、本書のさまざまな方法を参考に、楽しくチャレンジしてみましょう。

その33

人のためにお金が使えると、さらにお金が舞い込む

貯まる人は、気持ちよくお金を手放す

お金を支払うとき、どんな気持ちでお金を手放していますか。

お金を気持ちよく支払えていますか、それとも、しかたなく支払っていますか。

なぜこんなことを聞くのかというと、お金を使うときの感情が、そのままその人のお金に対する考え方に反映されるからです。**嫌々お金を使っているようでは、お金は貯まっていきません。逆に快くお金を使えると、お金がお金を呼んできてくれるのです。**

コツコツ節約して口座の残高が増えたからといって、幸せになれる

わけではありません。気持ちよく使って、初めて幸せになるものです。
ですので、支払いの際は嫌々ではなく、気持ちよく手放しましょう。

第2章で、ある番組で相談され、4年後に家族でハワイ旅行をしようと月2万円ずつお金を貯めることになった主婦の話をしました。
最初は「ガマンしたくない」と条件を付けていた彼女ですが、自分のがんばりが家族全員の夢につながると意識を大きく変えて貯金生活を送っています。

4年後には、貯めたお金をしっかり使って心地いい時間をハワイで過ごすことでしょう。

その結果、彼女だけではなく、家族全員が現地で得られるものは、ハワイの思い出だけではありません。旅行を通して家族全員でいろいろなことを話し、現地でたくさんの出会いもあるはずです。そして、旅行費用100万円以上の価値を家族で得られると思います。

お金を使う醍醐味《だいごみ》は、こういうところにあります。

お金の使い方に正解はありませんが、**自分の好きなこと、大切なことにお金を使えたら、それはとてもハッピーなことです。**

私はセミナーで、「最近、満足度が高かったお金の使い道はなんでしたか？」と聞くことがあります。そうすると、「両親に旅行をプレゼントしたこと」「友人の誕生会を開いてあげたこと」など、誰かのためにお金を使ったことで、自分が幸せな気分になれたという人が思いのほかたくさんいました。

人のためにお金が使えると、さらにお金が舞い込む

そうなのです、自分のためだけでなく、人のために気持ちよく使えるようになれば、ますますお金は貯まっていくのです。

貯金を始めると、なるべく使わないようにと気持ちが働きます。他人に対してはなおさらです。

でも、それではお金は貯まっていきません。

ですから、ときには、人のために使えるようになりましょう。

「いつも気にかけてもらっている人に贈り物をする」

「悩みを聞いてくれた後輩に食事をごちそうする」

「弱い立場の人のために寄付をする」

こういったことは、決してムダではありません。相手への思いやりは、きっと伝わるものです。仮にその見返りが直接返ってこなくても、いつか回りまわって自分のところに戻ってきます。

その際、大金を使う必要はないのです。

金額よりも相手のことを気にかけていることが伝われば、対人関係はますますよくなっていくでしょう。

お金は人が運んでくるものです。

また、人の悩みの大半は、人間関係によるものだといわれています。

ここがおさえられると、人生がいっそう豊かになるでしょう。

その34

お金持ちがやっている「ぐっすり眠って朝日を浴びる」習慣

豊かな人とそうでない人、その違いは生活習慣にあり

豊かな人とそうでない人。その違いはどこにあるのでしょうか。
それは持っているお金の額だけではありません。**豊かな人は、毎日の生活習慣にも特別なこだわりを持っているのです。**

ぐっすり眠って朝日を浴びる。

これは、多くのお金持ちが大切にしている習慣の1つです。
お金持ちは、とりわけ健康に気を使います。かぜひとつ引かないよう、しっかり自己管理しているのです。

朝の太陽を浴びると、セロトニンが分泌されます。

セロトニンが最も活性化するのが朝日の光といわれているのです。

セロトニンは、「幸せホルモン」といわれる脳の神経伝達物質で、心に安定ややすらぎをもたらし、気持ちを前向きにしてくれます。

アメリカでは、多くのエグゼクティブは朝5時には起きているといいます。

起床後、筋トレやランニングなどで軽く汗を流し、朝食を兼ねた仕事の打ち合わせをする人もいるそうです。

こうして朝の時間を活用するほうが、時間の節約や仕事の結果に結びつきやすいからだといわれています。早起きは三文の徳とは、まさに朝の時間を生かすことなのでしょう。

夜は夜で、大事な会合があっても、２次会には参加しない人が多いそうです。それは、翌日に備えてしっかり睡眠時間を確保するためといわれています。

この習慣、まねをするだけならタダです。

ですので、お金が貯まらないという人は、率先して取り入れてはいかがでしょうか。

お金持ちほど、ムダを嫌う

ほかにオススメしたいのが、ズバリお金の使い方です。

豊かな人はお金があっても、決してムダづかいをしません。必要な

もの、大切なことにしかお金を使わないのです。

ですので、普段の生活はとても質素です。一見すると、お金持ちには見えない人が多いのです。

アメリカで出版された本によると、億万長者の37%の人が中古車を購入していて、1万8000円以上の時計は身につけていないそうです。

高級外車を乗り回し、100万円以上する時計をし、食事は三ツ星レストランといった生活を送っている人は、没落しやすいといいます。ほんとうに豊かな人は、セレブ生活には興味がないのです。

でも、いざというときには惜しみなく大金を使うのが、こうした人たちです。

実際、ウインドウズで知られるマイクロソフト創業者のビル・ゲイツや世界一の投資家といわれるウォーレン・バフェットなどは、慈善事業に多くのお金を投じているのです。

私たちがここまで目指す必要はありませんが、お金持ちのこうした考え方や生き方は、大いに参考になります。

振る舞いだけでも豊かな人を見習えば、いつかほんとうに豊かな人になれるのではないでしょうか。

その35

仕事ができる人になる

苦手なことが苦手でなくなる

お金が貯まってきたあかつきには、それまでには考えられないほど「特別な人」になれます。

つまり、次のようなことが自然とできてしまいます。

○明確な目標を立てられるようになる（目標）
○目標達成のための段取りや根回しがつけられる（計画）
○計画通りに行動できる（実行）

これらは、お金が貯まらない人が最も苦手とすることだと思います。

しかも、お金が貯まったということは、一定の「成果を出せた」ということにもなるのです。

これって、仕事や家事に必要な能力だと思いませんか？

つまり、お金が貯められるようになると、仕事も家庭もうまくいくのです。

たとえば、日々の生活で、「部屋が片づけられない」「食器洗いを後回しにしてしまう」「自炊が面倒でついつい外食をしてしまう」といったこと。仕事においては、「期日をしっかり守れない」「つい手抜きをしてしまう」「だらだら仕事をしてしまう」といったことも、なくなっていくのです。

こうしてお金が貯まるようになると、苦手に思っていたことがだんだんと得意になっていきます。

お金を貯めることで、さまざまな能力が身につく

これからの時代、仕事の有《あ》り様《よう》が、大きく変わっていくといわれています。新型コロナの影響で働き方そのものが変わり、求められることや評価方法も、これまでとは違ったものが導入されるかもしれません。

よっぽど特殊な技能や能力がない限り、給料は上がっていかないでしょう。そうなると、家計はどんどん切りつめられていく一方です。趣味や娯楽はもちろん、子どもにかけられる教育費さえも捻出できな

いかもしれません。

仕事自体も、これまであった職業がなくなって、人間が担っていた作業をロボットがより効率よく正確にこなせる時代がくるかもしれません。

これらすべてのことは、まだ現実には起こっていませんが、ニュースなどを見ていると、その足音はだんだん大きくなっているような感じがします。

しかし、将来に備えて、ある程度のお金が貯まっていれば、そんな心配をしないですむでしょう。

さらに、**お金を貯めることで、最初にあげた目標・計画・実行とい**

った能力のほかに、「工夫する力」や「気づかう力」を養うことができるのです。こうした能力は、仕事や家事においてきわめて重要な能力です。

お金を貯めるということは、お金を貯める以上の効用を私たちにもたらしてくれるのです。

最後に、お金は目的ではなく、手段です。

貯まったら、ぜひ人生を豊かにするために使ってください。

それには、まず1つ、できることから始めてみましょう。

第６章のまとめ

・ライフプランを立てると、
お金を増やせる時期と増やせない時期がわかる

・「お金を貯めることができた」という成功体験が、
自信につながる

・お金は気持ちよく使い、人のために使うと舞い込んでくる

・「お金持ちの振る舞い」をまねするだけで、豊かな人になれる

・お金が貯められると、苦手なことが得意になる

おわりに

お金が人生のすべてではありません。とはいえ、ないと不安になるのがお金です。子どもの将来のこと、自分の老後のこと、世の中の先行きが不透明なこと……。考えれば考えるほど不安は増してきます。

けれど、お金を増やすことは誰にでもできます。本編でも話したように、たとえ収入が多くなくても、お金との向き合い方や考え方を変えれば、お金は自然と増えていくものです。

まずは、1つでもいいので、本誌で紹介した方法を実践してみてください。皆さんに必要なのは「お金が増える」という成功体験です。「意外と簡単なんだ」と気づいたときから、お金が増える生活が楽しくなってくるでしょう。

お金の先生! できるだけ簡単にお金が増える方法を教えてください。

発行日　2021年3月29日　第1刷

著者　飯村久美

本書プロジェクトチーム

編集統括	柿内尚文
編集担当	小林英史
編集協力	洗川俊一、洗川広二
カバーデザイン	井上新八
本文デザイン	菊池崇＋櫻井淳志（ドットスタジオ）
イラスト	坂木浩子（株式会社ぽるか）
校正	中山祐子
営業統括	丸山敏生
営業推進	増尾友裕、藤野茉友、綱脇愛、大原桂子、桐山敦子、矢部愛、寺内未来子
販売促進	池田孝一郎、石井耕平、熊切絵理、菊山清佳、吉村寿美子、矢橋寛子、遠藤真知子、森田真紀、大村かおり、高垣真美、高垣知子
プロモーション	山田美恵、林屋成一郎
講演・マネジメント事業	斎藤和佳、志水公美
編集	舘瑞恵、栗田亘、村上芳子、大住兼正、菊地貴広
メディア開発	池田剛、中山景、中村悟志、長野太介、多湖元毅
管理部	八木宏之、早坂裕子、生越こずえ、名児耶美咲、金井昭彦
マネジメント	坂下毅
発行人	高橋克佳

発行所　株式会社アスコム

〒105-0003
東京都港区西新橋2-23-1　3東洋海事ビル
編集部　TEL：03-5425-6627
営業部　TEL：03-5425-6626　FAX：03-5425-6770

印刷・製本　株式会社光邦

Printed in Japan ISBN 978-4-7762-1127-3